ACTES

DU

DIXIÈME CONGRÈS INTERNATIONAL DES ORIENTALISTES.

SESSION DE GENÈVE.

— 1894 —

PREMIÈRE PARTIE.

COMPTES RENDUS DES SÉANCES.

LIBRAIRIE ET IMPRIMERIE
ci-devant
E. J. BRILL.
Leide — 1897.

ACTES

DU

DIXIÈME CONGRÈS INTERNATIONAL

DES ORIENTALISTES.

———

PREMIÈRE PARTIE.

ACTES

DU

DIXIÈME CONGRÈS INTERNATIONAL DES ORIENTALISTES.

SESSION DE GENÈVE.

— 1894 —

PREMIÈRE PARTIE.

COMPTES RENDUS DES SÉANCES.

LIBRAIRIE ET IMPRIMERIE
E. J. BRILL.
LEIDE — 1897.

IMPRIMERIE ci-devant E. J. BRILL — LEIDE

Xme CONGRÈS INTERNATIONAL

DES

ORIENTALISTES

SESSION DE GENÈVE

PRÉSIDENTS D'HONNEUR DU CONGRÈS

M. le Colonel Frey, Président de la Confédération Suisse.

M. le conseiller national Richard, Président du Conseil d'État de la République et Canton de Genève.

VICE-PRÉSIDENTS D'HONNEUR ET PATRONS DU CONGRÈS

Sa Majesté Oscar II, Roi de Suède et Norvège.

Sa Majesté Charles Ier, Roi de Roumanie.

Son Altesse Impériale et Royale l'Archiduc Rénier.

Son Altesse le Prince Philippe de Saxe-Cobourg-Gotha.

PRÉSIDENT DU CONGRÈS

M. Édouard Naville.

COMITÉ D'ORGANISATION.

Président: M. Édouard Naville.

Vice-Présidents: MM. Antoine-J. Baumgartner.
Lucien Gautier.
Jules Nicole.

Secrétaires: MM. Paul Oltramare.
Ferdinand de Saussure.

Trésorier: M. Émile Odier.

Membre adjoint au Bureau: M. Arthur de Claparède.

Secrétaire-adjoint: M. Charles Bally.

Membres: MM. Alfred Boissier.
Louis Dufour-Vernes.
Jacques Ehni.
Hippolyte Gosse.
Gustave Julliard
Eugène Ritter.
Théodore de Saussure
Louis Thomas.
François Turrettini
Joseph Wertheimer

COMITÉ DE RÉCEPTION.

MM. Léopold Favre, président.
Max van Berchem.
Victor van Berchem.
William Huber.

COMITÉ GÉNÉRAL SUISSE.

MM. Henri Berthoud, Morges.
Godefroy de Blonay, Grandson.
Félix Bovet, Neuchâtel.
Renward Brandstetter, Lucerne.
Bernhard Duhm, Bâle.
Ernest Goergens, Lausanne.
Konrad Furrer, Zurich.
Hubert Grimme, Fribourg.
Moritz Heidenheim, Zurich.
Jean-Jacques Hess, Fribourg.
Gustave Jéquier, Neuchâtel.
Adolf Kaegi, Zurich.
Charles Kohler, Paris.
Emil Kurz, Berne.
Ernst Leumann, Strasbourg.
Julius Leumann, Frauenfeld.
Karl Marti, Bâle.
Franz Misteli, Bâle.
Henri Moser, Schaffhouse.
Eduard Müller-Hess, Berne.
Samuel Oettli, Berne.
Conrad d'Orelli, Bâle.
Alexandre Perrochet, Neuchâtel.
Charles Piton, Neuchâtel.
Charles Rieu, Londres.
Henri de Rougemont, Neuchâtel.
Rudolf Ruetschi, Berne.
Victor Ryssel, Zurich.
Albert Socin, Leipzig.
Jean Spiro, Lausanne.
Wilhelm Streitberg, Fribourg.
Rudolf Thurneysen, Fribourg-en-Brisgau.
Henri Vuilleumier, Lausanne.
Jacob Wackernagel, Bâle.

LISTE DES MEMBRES.

SUISSE.

André (Tony), bachelier en théologie; Genève.

Aubert (Henri); Genève.

Aubert (Hippolyte), conservateur à la Bibliothèque publique de la Ville; Genève.

Balitzer (Sigismond), chef d'institution à Genève.

5 Bally (Charles), privat-docent à l'Université de Genève.

Barbey (Henry); Genève.

Barde (Édouard), professeur à l'École de Théologie de Genève.

Baumgartner (Antoine-J.), professeur à l'École de Théologie de Genève.
* École de Théologie de Genève.

Berchem (Max van), privat-docent à l'Université de Genève.

10 Berchem (Paul van); Genève.

Berchem (Victor van); Genève.

Bernoulli (C. A.), licencié en théologie; Bâle.

Berthoud (Henri), missionnaire; Morges.

Bertrand (Alfred), membre des Sociétés de Géographie de Genève, de Londres et de Paris; Genève.

15 Bétrix (le docteur A.); Genève.

Blonay (Godefroy de), élève diplômé de l'École des Hautes-Études de Paris; château de Grandson.

Blondel (Auguste); Genève.

Boissier (Agénor); Genève.

Boissier (Alfred), membre de la Société asiatique de Paris; Genève.

20 Boissier (Edmond); Genève.

Borel (Frédéric), élève diplômé de l'École des Chartes; Genève, Paris.

Bourrit (Charles), vice-président de la Société de Géographie de Genève.

Bouthillier de Beaumont (Henry), président honoraire et fondateur de la Société de Géographie de Genève.

Brandstetter (Prof. Dr. Renward), membre de l'Institut royal des Indes néerlandaises de La Haye; Lucerne.
 * Société des Arts et des Sciences de Batavia.

25 Brot (Charles); Genève.

Brünnow (Dr. Rudolf), ancien professeur à l'Université d'Heidelberg; Vevey. (Absent).

Budé (Eugène de); Genève.

Busch (S. Exc. le Dr.), ministre d'Allemagne à Berne.

Calame (Georges); Neuchâtel.

30 Candolle (Casimir de); Genève.

Candolle (Lucien de); Genève.

Cartier (Alfred); Genève.

Chaix (Émile), secrétaire général de la Société de Géographie de Genève.

Chaix (le professeur Paul), président honoraire de la Société de Géographie de Genève.

35 Chenevière (Alfred); Genève.

Chenevière (Arthur); Genève.

Claparède (Arthur de), docteur en droit, président de la Société de Géographie de Genève.
 * Société de Géographie de Genève.
 * Sociedad geografica de Lima.

Corning (E. L.); Genève.

De Crue (Francis), professeur à l'Université de Genève.

40 Dominicé (Adolphe); Genève.

Dominicé (Raoul); Genève.

Dufour (Éd.), étudiant en théologie; Genève.

Dufour (Théophile), bibliothécaire en chef de la Ville de Genève.

Dufour-Vernes (Louis), archiviste de l'État ; président de la Société d'Histoire et d'Archéologie de Genève.
* Société d'Histoire et d'Archéologie de Genève.

45 Ehni (Jacques), ancien pasteur de l'Église luthérienne ; Genève.

Faure (Charles), ancien pasteur ; Genève.

Favre (le colonel Camille) ; Genève.

Favre (Édouard), ancien président de la Société d'Histoire et d'Archéologie de Genève.

Favre (Ernest) ; Genève.

50 Favre (le lieutenant-colonel Léopold), membre de la Société asiatique de Paris ; Genève.

Favre (le lieutenant-colonel William) ; Genève.

Faye (le pasteur Clément de) ; Genève.

Flournoy (Théodore), professeur à l'Université de Genève.

Frey (le colonel), président de la Confédération ; Berne.

55 Furrer (Dr. Konrad), professeur à l'Université de Zürich.

Galland (Charles) ; Genève.

Gampert (Auguste), bachelier en théologie ; Genève.

Gautier (Edmond) ; Genève.

Gautier (le docteur Léon) ; Genève.

60 Gautier (Lucien), professeur à la Faculté libre de Théologie de Lausanne.

Gautier (Maurice) ; Genève.

Gautier (Raoul), professeur à l'Université de Genève.

Geer (le baron Carl de), consul de Suède à Genève.

Gosse (le docteur Hippolyte), professeur à l'Université, conservateur du Musée archéologique de Genève.

65 Gut (le pasteur) ; Genève.

Heer (Justus), étudiant à l'Université de Bâle.

Hentsch (Carl) ; Genève.

Hentsch (Charles) ; Genève.

Hentsch (Ernest) ; Genève.

70 Hess (Dr. Jean-Jacques), professeur à l'Université de Fribourg (Suisse).
* Université de Fribourg.

Heusler (Adolphe); Bâle.

Heyer (le pasteur H.), bibliothécaire-archiviste de la Compagnie des pasteurs; Genève.

Hoffmann (le pasteur Ad.); Genève.

Holban (Michel-G.), consul de Roumanie à Genève.

75 Huber-Saladin (le colonel William); Genève, Paris.

Jéquier (Gustave); Neuchâtel.

Julliard (le docteur Gustave), professeur, ancien recteur de l'Université de Genève.
    * Université de Genève

Kaegi (Dr. Adolf), professeur à l'Université de Zurich.
    * Université de Zurich.

Kurz (Dr. Emil), professeur à l'Université de Berne.

80 Lachenal (Adrien), conseiller fédéral; Berne. (*Absent*).

Le Coultre (Jules), recteur de l'Académie de Neuchâtel.
    * Académie de Neuchâtel.

Lenoir (David); Genève.

Lenoir (le pasteur Émile); Genève, Marseille.

Lombard (Alexis); Genève.

85 Lombard (le docteur Henri-Clermont); Genève.

Lombard (le docteur Henri-Charles); Genève.

Loriol (Henri de); Genève.

Loriol (Perceval de); Genève.

Marcet (le docteur William); Genève, Londres.

90 Marti (Dr. Karl), pasteur, professeur à l'Université de Bâle.

Martin (Alfred), recteur de l'Université de Genève.

Martin (le docteur Édouard); Genève.

Martin (Ernest), professeur à l'Université de Genève.

Maurer (Alexandre), professeur à l'Université de Lausanne.
    * Université de Lausanne

95 Mayor (Jaques), conservateur du Musée Fol; Genève.

Megavoriantz (docteur en droit); Lausanne.

Milsom (Ed.); Genève.

Moser (Henri), explorateur en Asie centrale; Schaffhouse.

Moynier (Gustave), correspondant de l'Institut de France; Genève.

100 Müller-Hess (Dr. Eduard), professeur à l'Université
de Berne.
* Pali Text Society, London.

Naville (Adrien), professeur à l'Université de Genève.

Naville (Édouard), professeur à l'Université de Genève,
correspondant de l'Institut de France, fellow de King's
College (Londres); président du Congrès.

Naville (Émile); Genève.

Naville (le professeur Ernest), associé étranger de l'Institut
de France; Genève.

105 Naville (Louis); Genève.

Naville (le pasteur Théodore); Genève, Hyères

Necker (Frédéric); Genève.

Nicole (Jules), professeur à l'Université de Genève.
* Société académique de Genève.

Odier (Émile); Genève.

110 Odier (Gabriel), docteur en droit; Genève.

Odier (James); Genève.

Oltramare (Paul), professeur suppléant à l'Université de
Genève.

Orelli (Dr. Conrad von), professeur à l'Université de Bâle.
* Université de Bâle.

Ormond (Louis); Genève.

115 Palamas (l'archimandrite Grégoire); Genève.

Perrochet (Alexandre), professeur à l'Académie de Neu-
châtel.
* Académie de Neuchâtel.
* Société neuchâteloise de Géographie.

Perrot (Max); Genève.

Pictet (Émile); Genève.

Pictet (Louis); Genève.

120 Plantamour (Philippe); Genève.

Pomper (A.), étudiant à l'Université; Genève, Paris.

Pourtalès (le comte Auguste de); Genève, Paris.

Pourtalès (le comte Hermann de); château des Crénées
près Coppet.

Pourtalès (le comte Léopold de); Neuchâtel. (*Absent*).

125 Prevost (le docteur Jean-Louis), professeur à l'Université
de Genève.

Richard (Eugène), député au Conseil des États, président du Conseil d'État de Genève.

Rigaud (Charles); Genève.

Rilliet (Albert), professeur à l'Université de Genève.

Ritter (Eugène), doyen de la Faculté des lettres, président de l'Institut genevois; Genève.
    * Institut national genevois.

130 Rive (le colonel Edmond de la); Genève.

Rive (Lucien de la); Genève.

Saladin (Ernest); Genève.

Sarasin (Édouard), ancien président de la Société académique de Genève.

Sarasin (Olivier); Genève.

135 Saugy (Édouard de); Genève.

Saussure (Ferdinand de), professeur à l'Université de
Genève.

Saussure (Henri de), ancien président de la Société de
Physique et d'Histoire naturelle de Genève.

Saussure (le colonel Théodore de), président de la Société des Arts de Genève.
    * Société des Arts de Genève.

Scaife (Dr. W. B.); Genève.

140 Schulthess (Dr. F.); Zurich.

Seigneux (George de); Genève.

Soret (Charles), professeur à l'Université de Genève.

Spiro (Jean), professeur à l'Université de Lausanne.
    * Université de Lausanne.
    * Société neuchâteloise de Géographie.

Stæhelin (Félix), étudiant à l'Université de Bâle.

145 Stœntz (Frédéric de); Genève.

Strœhlin (Ernest), professeur à l'Université de Genève.

Strœhlin (Henri); Genève.

Sulzer (le docteur E.); Genève.

Thomas (le pasteur Louis), président de la Société des
sciences théologiques de Genève.
    * Société des sciences théologiques de Genève.

150 Traz (Ernest de); Genève.

Turrettini (Albert); Genève.

Turrettini (François), membre de la Société asiatique de Paris; Genève.

Turrettini (Horace); Genève.

Turrettini (William); Genève.

155 Vuillemier (Henri), professeur à l'Université de Lausanne.
 * Université de Lausanne.

Wackernagel (Dr. Jakob), professeur à l'Université de Bâle.
 * Université de Bâle.

Walther (le pasteur Jules); Morges.

Watier (A.); Genève.

Watteville (Oscar de); Genève.

160 Welter-Crot (Henri); Genève.

Wertheimer (le grand-rabbin Joseph), professeur à l'Université de Genève.

ALLEMAGNE.

Benzinger (Dr. Immanuel); pasteur à Tubingue.

Braun (Dr. Oscar); Munich. (*Absent*).

Budde (Dr. Karl), professeur à l'Université de Strasbourg.
 * Université de Strasbourg.

165 Dannecker, répétiteur; Tubingue.

Delitzsch (Dr. Friedrich), professeur à l'Université de Breslau.
 * Université de Breslau.

Delitzsch (Madame); Breslau. (*Absente*).

Deussen (Dr. Paul), professeur à l'Université de Kiel.

Ebers (Dr. Georg), professeur émérite de l'Université de Leipzig; Munich. (*Absent*).

170 Eisenlohr (Dr. August), professeur à l'Université d'Heidelberg.
 * Ministère de la Justice, des Cultes et de l'Instruction du Grand Duché de Bade.
 * Université d'Heidelberg.

Euting (Dr. Julius), bibliothécaire et professeur honoraire à l'Université de Strasbourg.

Franke (Dr. Otto), privat-docent à l'Université de Berlin. (*Absent*).

Furst (Paul); Strasbourg.

Garbe (Dr. Richard), professeur à l'Université de Kœnigsberg.
* Université de Kœnigsberg.

175 Gramatzky (Dr. A.); Berlin, Ostende.

Grube (Dr. Wilhelm), professeur à l'Université de Berlin.

Guthe (Dr. Hermann), professeur à l'Université de Leipzig. (*Absent*).

Hartmann (Dr. Martin), professeur au Séminaire des langues orientales de Berlin.

Hillebrandt (Dr. A.), professeur à l'Université de Breslau. (*Absent*).

180 Holzinger (Dr. H.), Münsingen (Wurtemberg).

Hommel (Dr. Fritz), professeur à l'Université de Munich.
* Académie royale des sciences de Munich.

Hommel (Madame); Munich.

Horn (Dr. Paul), privat-docent à l'Université de Strasbourg.

Horst (Dr. Louis); Strasbourg.

185 Huth (Dr. Georg), privat-docent à l'Université de Berlin.

Jacobi (Dr. Hermann), professeur à l'Université de Bonn.

Jahn (Dr. G.), professeur à l'Université de Kœnigsberg. (*Absent*).

Jensen (Dr. Peter), professeur à l'Université de Marbourg.

Jolly (Dr. Julius), professeur à l'Université de Wurzbourg.
* Académie royale des sciences de Munich.

190 Kautzsch (Dr. Emil), professeur à l'Université de Halle.
* Deutsche Morgenländische Gesellschaft.

Krumbacher (Dr. Karl), professeur à l'Université de Munich.
* Académie royale des sciences de Munich.

Kuhn (Dr. Ernst), professeur à l'Université de Munich.
* Académie royale des sciences de Munich.
* Université de Munich.

Landberg-Hallberger (le comte Carlo de), chambellan de S. M. le Roi de Suède et Norvège, agent diplomatique en disponibilité; Tutzing (Bavière).

Lehmann (Dr. jur. et phil. Carl F.); Berlin. (*Absent*).

195 Leumann (Dr. Ernst), professeur à l'Université de Stras-
    bourg.
    * Université de Strasbourg.

Lincke (Dr. Arthur); Dresde.

Mercier (Henri), lecteur à l'Université de Gœttingue.

Merx (Dr. Adalbert), professeur à l'Université d'Heidelberg.
    (*Absent*).

Nestle (Prof. Dr. Eberhard); Ulm.

200 Neteler (Dr. B); Ostbevern (Westphalie).

Nöldeke (Dr. Theodor), professeur à l'Université de
    Strasbourg. (*Absent*).

Oldenberg (Dr. Hermann), professeur à l'Université de
    Kiel.

Pfungst (Dr. Arthur), Francfort-sur-le-Mein.

Pischel (Dr. Richard), professeur à l'Université de Halle.
    * Université de Halle.

205 Prym (Dr. Eugen), professeur à l'Université de Bonn.

Reckendorf (Dr. Hermann), professeur à l'Université de
    Fribourg-en-Brisgau.

Roth (Dr. Rudolf von), professeur à l'Université de Tu-
    bingue, membre de l'Académie des sciences de Berlin.
    (*Absent*).

Rühl (Dr. Franz), professeur à l'Université de Kœnigsberg.
    (*Absent*).

Sachau (Geh. Reg.-Rath Dr. Eduard), membre de l'Aca-
    démie des sciences et directeur du Séminaire des langues
    orientales à l'Université de Berlin.

210 Schmidt (Dr. Johannes), membre de l'Académie des
    sciences et professeur à l'Université de Berlin.

Schnorr von Carolsfeld (Dr. H.), bibliothécaire en
    chef de l'Université de Munich. (*Absent*).

Schrader (Geh. Reg.-Rath Dr. Eberhard), membre de
    l'Académie des sciences et professeur à l'Université de
    Berlin. (*Absent*).

Schwab (Dr. Julius), bibliothécaire de l'Université de
    Fribourg-en-Brisgau. (*Absent*).

Schwarzstein (Dr. J.), rabbin à Carlsruhe.

215 Seeburg (Dr. L.), professeur à Gœttingue.

Seybold (Dr. Chr.), professeur à l'Université de Tubingue.
  * Institut historique et géographique de Brésil.

Socin (Dr. Albert), membre ordinaire de la Société royale
  des sciences de Leipzig, professeur à l'Université de Leipzig.
  * Deutscher Palæstina-Verein.

Spaich (Pfarrer): Hopfigheim (Wurtemberg).

Stade (Dr. Bernhard), professeur à l'Université de Giessen.
  * Université de Giessen.

220 Stumme (Dr. Hans); Leipzig. (*Absent*).

Sütterlin (Dr. Ludwig), privat-docent à l'Université
  d'Heidelberg.

Thurneysen (Dr. Rudolf), professeur à l'Université de
  Fribourg-en-Brisgau.

Veit (Friedrich), étudiant à l'Université de Strasbourg.

Weber (Dr. Albrecht), membre de l'Académie des sciences
  et professeur à l'Université de Berlin.

225 Wellhausen (Dr. Julius), professeur à l'Université de
  Gœttingue.

Wiedemann (Dr. Alfred), professeur à l'Université de Bonn.

Wiedemann (Madame); Bonn.

Wilhelm (Dr. Eugen), professeur à l'Université d'Iéna.
  (*Absent*).

Windisch (Dr. Ernst), membre ordinaire de la Société
  royale des sciences de Leipzig, professeur à l'Université
  de Leipzig.
  * Deutsche Morgenländische Gesellschaft.

AUTRICHE-HONGRIE.

230 Bickell (Dr. Gustav), professeur à l'Université de Vienne.

Bühler (Hofrath Dr. Georg), membre effectif de l'Académie des sciences et professeur à l'Université de Vienne.
  * Ministère de l'Instruction publique et des Cultes d'Autriche.

Claparède (Alfred de), ministre plénipotentiaire de la
  Confédération suisse à Vienne.

Dedekind (Dr. Alexander), conservateur-adjoint de la Collection impériale d'antiquités égyptiennes de Vienne. (*Absent*).

Dvorák (Dr. Rudolf), professeur à l'Université tchèque de
  Prague.

235 Epstein (A.); Vienne.

Goldziher (Dr. Ignaz), membre ordinaire de l'Académie hongroise des sciences; Buda-Pesth.
* Académie hongroise des sciences.

Gropper (Dr. Joseph); Baden près Vienne.

Grünbaum (Dr. Hermann); Vienne.

Grünert (Dr. Max), professeur à l'Université allemande de Prague.
* Université allemande de Prague.

240 Heller (Dr. F.); Innsbruck. (*Absent*).

Horowitz (le chevalier E. de), directeur du Gouvernement de la Bosnie et de l'Herzégovine; Vienne.

Karabaček (Dr. Josef), membre effectif de l'Académie des sciences et professeur à l'Université de Vienne.
* Ministère de l'Instruction publique et des Cultes d'Autriche.

Kirste (Dr. Johann), professeur à l'Université de Graz.

Krall (Dr. Jakob), professeur à l'Université de Vienne.

245 Ludwig (Dr. Alfred), professeur à l'Université allemande de Prague.

Mánkowski (Dr. Leon von), professeur à l'Université de Cracovie.

Müller (Dr. David Heinrich), professeur à l'Université de Vienne.
* Ministère de l'Instruction publique et des Cultes d'Autriche.

Raffl (le Père F.), professeur de théologie au Couvent des Franciscains de Salzbourg.

Reinisch (Dr. Leo), membre effectif de l'Académie des sciences et professeur à l'Université de Vienne.
* Ministère de l'Instruction publique et des Cultes d'Autriche.
* Université de Vienne.

250 Schlechta-Wssehrd (S. Exc. le baron Ottokar de), envoyé extraordinaire de S. M. l'Empereur d'Autriche, ministre plénipotentiaire; Vienne. (*Absent*).

Sedláček (Dr. Jaroslav), professeur suppléant à l'Université tchèque de Prague. (*Absent*).

Steininger (le Père Placidus); abbaye d'Admont (Styrie).

Strzygowski (Dr. Josef), professeur à l'Université de Graz.

Vámbéry (Arminius), professeur à l'Université de Buda-Pesth, membre ordinaire de l'Académie hongroise des sciences.
* Ministère de l'Instruction publique et des Cultes de Hongrie.
* Université de Buda-Pesth.

BELGIQUE.

255 Colinet (Ph.), professeur à l'Université de Louvain. (*Absent*).

Cumont (Franz), professeur à l'Université de Gand. (*Absent*).

Harlez (C. de), professeur à l'Université de Louvain. (*Absent*).

Hebbelynck (Ad.), professeur à l'Université de Louvain. (*Absent*).

Michel (Charles), professeur à l'Université de Liège. (*Absent*).

260 Vallée Poussin (Louis de la), professeur à l'Université de Gand.

DANEMARK.

Mehren (Dr. A. F. von), professeur à l'Université de Copenhague. (*Absent*).

Schmidt (Dr. Valdemar), professeur à l'Université de Copenhague.

Simonsen (le grand-rabbin David); Copenhague.

Thomsen (Dr. Vilhelm), professeur à l'Université de Copenhague. (*Absent*).

FRANCE.

265 Alotte de la Fuye (le lieutenant-colonel), chef de génie à Rennes. (*Absent*).

Barbier de Meynard, de l'Académie des inscriptions et belles-lettres, administrateur adjoint de l'École des langues orientales, président de la Société asiatique; Paris.
* Ministère de l'Instruction publique et des Beaux-Arts.

Barré de Lancy, premier secrétaire-interprète du Gouvernement; Paris (*Absent*).

Barth (Auguste), de l'Académie des inscriptions et belles-lettres; Paris. (*Absent*).

Basset (René), professeur à l'École des lettres d'Alger.

270 Baye (le baron de), membre résidant de la Société des Antiquaires de France; Paris. (*Absent*).

Beauregard (Ollivier); Paris.
* Société d'Anthropologie de Paris.
* Société des traditions populaires.

Bénédite (Georges), conservateur-adjoint du Musée égyptien au Louvre; Paris.
* Musées nationaux.

Benlœw (Louis), ancien doyen de la Faculté des lettres de Dijon.

Berger (Philippe), de l'Académie des inscriptions et belles-lettres, professeur au Collège de France; Paris. (*Absent*).

275 Berthet (Mlle Marie), membre de la Société asiatique, professeur à l'École normale d'Alençon. (*Absente*).

Blanc (Édouard), explorateur; Paris.
* Société de Géographie commerciale de Paris.

Bœll (Paul), publiciste; Paris. (*Absent*).

Bonaparte (S. A. le prince Roland); Paris.

Bréal (Michel), de l'Académie des inscriptions et belles-lettres, professeur au Collège de France; Paris.

280 Breittmayer (Albert); Lyon.
* Société de Géographie de Marseille.

Bruston (Charles), doyen de la Faculté de théologie de Montauban.
* Université de Toulouse.

Carrière (Auguste), professeur à l'École des langues orientales; Paris. (*Absent*).

Casanova (Paul), conservateur au Cabinet des médailles; Paris.

Chabot (le Dr. J. B.); Paris. (*Absent*).

285 Chantre (Ernest), sous-directeur du Musée de Lyon. (*Absent*).

Chavannes (Édouard), professeur au Collège de France; Paris.
* Peking Oriental Society.

Chevalier (Henri), ingénieur; Paris.
* Société de Géographie commerciale de Paris.

Cordier (Henri), membre du Conseil de la Société asiatique, professeur à l'École des langues orientales; Paris.
* Société de Géographie de Paris.
* Société des traditions populaires.

Darmesteter (James), professeur au Collège de France; Paris. (*Absent*).

290 Delessert (Eugène); Lille.
  * Société de Géographie de Lille.

Deramey (l'abbé Jules), docteur de Sorbonne, professeur libre à l'École des Hautes-Études; Paris. (*Absent*).

Derenbourg (Hartwig), professeur à l'École des langues orientales, directeur à l'École des Hautes-Études; Paris.
  * École des Hautes-Études, section historique et philologique.
  * École des Hautes-Études, section des sciences religieuses.

Devéria (Gabriel), secrétaire d'ambassade, professeur à l'École des langues orientales; Paris. (*Absent*).

Drouin (Edmond), avocat, bibliothécaire de la Société asiatique; Paris. (*Absent*).

295 Duval (Rubens), membre de la Société asiatique; Paris. (*Absent*).

Duvau (Louis), maître de conférences à l'École des Hautes-Études; Paris.
  * École des Hautes-Études, section historique et philologique.

Fallot (le pasteur T.); Crest (Ardèche).

Feer (Léon), de la Bibliothèque nationale; Paris.

Finot (Louis), attaché à la Bibliothèque nationale; Paris.

300 Gay (J.), agrégé d'histoire, ancien membre de l'École française de Rome.

Gennep (Arnold van), élève de l'École des langues orientales; Paris.

Grammont (Maurice), maître de conférences à la Faculté des lettres de Dijon.

Guimet (Émile), directeur du Musée Guimet; Paris.
  * Ministère de l'Instruction publique et des Beaux-Arts.
  * Académie des sciences, arts et belles-lettres de Lyon.
  * Académie des sciences, arts et belles-lettres de Mâcon.

Halévy (Joseph), directeur-adjoint à l'École des Hautes-Études; Paris.

305 Henry (Victor), professeur à la Faculté des lettres de Paris. (*Absent*).

Houdas (O.), professeur à l'École des langues orientales; Paris.
  * Gouvernement général de l'Algérie.

Kohler (Charles), de la Bibliothèque Ste-Geneviève; Paris.

Lambrecht, secrétaire de l'École des langues orientales; Paris. (*Absent*).

Léandri, avocat; Paris.

310 Leroux (Ernest), éditeur de la Société asiatique et de
l'École des langues orientales; Paris. (*Absent*).

Lévi (Sylvain), directeur-adjoint à l'École des Hautes-
Études, chargé de cours à la Faculté des lettres de Paris.
  * Université de Paris.
  * École des Hautes-Études, section des sciences religieuses.

Likhatchev (le vice-amiral J.), Paris.

Loret (Victor), professeur à la Faculté des lettres de Lyon.
  * Université de Lyon.

Marcean (Louis), propriétaire et directeur de l'imprimerie
orientale de Châlon-sur-Saône.

315 Marre (Aristide), professeur à l'École des langues orientales; Paris. (*Absent*).

Maspero (Gaston), de l'Académie des inscriptions et
belles-lettres, ancien directeur du Service des antiquités
de l'Égypte, professeur au Collège de France; Paris.
  * Ministère de l'Instruction publique et des Beaux-Arts.

Maulde (R. de), secrétaire général de la Société d'Histoire
diplomatique; Paris.

Maunoir (Charles), secrétaire général de la Société de
Géographie de Paris.

Meillet (Antoine), maître de conférences à l'École des
Hautes-Études; Paris.
  * École des Hautes-Études, section historique et philologique.

320 Moret, agrégé de l'Université; Paris.

Oppert (Jules), de l'Académie des inscriptions et belles-
lettres, professeur au Collège de France; Paris.
  * École des Hautes-Études, section historique et philologique.

Perrot (Georges), de l'Académie des inscriptions et
belles-lettres; Paris.

Perry (Thomas S.); Vernon (Eure).

Ploix (Charles), ingénieur hydrographe, président de la
Société des traditions populaires, ancien président de la
Société de Linguistique; Paris. (*Absent*).
  * Société des traditions populaires.

325 Regnaud (Paul), membre du Conseil général de la Haute-
Saône, professeur à la Faculté des lettres de Lyon.
  * Université de Lyon.

Reinach (Théodore), président de la Société des études
juives; Paris.
  * Société des études juives de Paris.

Rolland (Romain); Paris.

Rosny (Léon de), professeur à l'École des langues orientales; Paris. (*Absent*).

Schefer (Charles), de l'Académie des inscriptions et belles-lettres, administrateur de l'École des langues orientales; Paris.
  * Ministère de l'Instruction publique et des Beaux-Arts.

330 Senart (Émile), de l'Académie des inscriptions et belles-lettres; Paris.

Sénéchal (Edmond), inspecteur des finances; Paris. (*Absent*).

Venukov (S. Exc. M. de), major-général en retraite, membre correspondant des Sociétés de Géographie russes à Paris. (*Absent*).

Virey (Philippe); Paris. (*Absent*).

Westphal (le pasteur Alexandre); Vauvert (Gard).

GRANDE-BRETAGNE ET IRLANDE.

335 Abercromby (The Honourable John); Édimbourg. (*Absent*).
  * Royal Scottish Geographical Society.

Adler (Elkan N.) M. A., M. R. A. S.; Londres.

Amez-Droz (H. F.); Londres. (*Absent*).

Arbuthnot (Foster F.) M. R. A. S.; Londres. (*Absent*).

Ball (Rev. C. J.) M. A.; Londres. (*Absent*).
  * Royal Asiatic Society.
  * Society of Biblical Archæology.

340 Barnes (Rev. W. E.) M. A., B. D., fellow of Peterhouse; Cambridge. (*Absent*).

Baynes (Herbert) M. R. A. S.; Londres. (*Absent*).

Bendall (Prof. Cecil), British Museum, University College; Londres.
  * Royal Asiatic Society.

Bevan (Prof. A. Ashley), Trinity College; Cambridge.
  * Université de Cambridge.

Bradbury (Miss Kate); Ashton-under-Lyne. (*Absente*).

345 Browne (Edward Granville) M.A., M. R. A. S., Pembroke College; Cambridge.
  * Université de Cambridge.

Bullinger (Rev. Dr. E. W.); Bromley (Kent).

Burgess (James) LL. D., C. I. E., F. R. G. S., F. R.
E. S., H. A. R. I. B. A.; Édimbourg.
  * Gouvernement de l'Inde.
  * Université d'Édimbourg.
  * Royal Scottish Geographical Society.

Casartelli (Rev. L. C.) M. R. A. S., St Bede's College;
Manchester.
  * Manchester Geographical Society.

Cates (Arthur); Londres. (*Absent*).
  * Society of Biblical Archæology.

350 Codrington (Dr. Oliver) M. D.; Londres.
  * Numismatic Society, London.

Codrington (Rev. Prebendary R. H.); Londres.

Cowell (Prof. Edward B.), Corpus Christi College; Cambridge. (*Absent*).

Cust (Dr. Robert N.) LL. D., honorary secretary of the
Royal Asiatic Society; Londres. (*Absent*).

Cust (Miss M. E. V.) M. R. A. S.; Londres.

355 Davies (Prof. T. Witton) B. A., principal, Midland
Baptist College; Nottingham.
  * University College, Nottingham.
  * University of Wales.

Davies (Mrs. M. A.); Nottingham.

Diósy (Arthur), vice-chairman of the Japan Society; Londres.
  * Japan Society, London.

Ellis (A. G.), British Museum; Londres. (*Absent*).

Ferguson (Donald); Croydon. (*Absent*).
  * Asiatic Society of Ceylon.

360 Franks (A.-W.), Keeper of British and mediæval antiquities and ethnography, British Museum; Londres. (*Absent*).

Gibson (Mrs. Margaret); Cambridge.

Gillespie (Rev. Charles G. Knox); Colchester. (*Absent*).

Ginsburg (Rev. Dr. Christian D.) LL. D.; Londres.
  * Palestine Exploration Fund.

Griffith (F. L.), British Museum; Londres. (*Absent*).

365 Hand (Miss S. Chapman); Londres. (*Absente*).

Heinemann (William) M. R. A. S.; Londres. (*Absent*).

Hirschfeld (H.), Montefiore College; Ramsgate. (*Absent*).

Hutchinson (Rev. W.) M. A.; Yorkshire. (*Absent*).

Irvine (W.) M. R. A. S.; Londres. (*Absent*).

370 King (Leonard W.), British Museum; Londres. (*Absent*).

Lewis (Mrs. Agnes S.) M. R. A. S.; Cambridge.

Luzac (C. G.), libraire-éditeur; Londres.

Lyon (H. T.) M. R. A. S.; Londres.

Macdonell (Prof. Arthur A.) Ph. D., Corpus Christi College; Oxford.
* Université d'Oxford.
* Royal Asiatic Society

375 Mac Gregor (Rev. William), member of committee of the Egypt Exploration Fund; Tamworth. (*Absent*).

Margoliouth (Prof. David S.) M. R. A. S., New College; Oxford.
* Université d'Oxford.

Monier-Williams (Sir Monier), K. C. I. E., Boden Professor, Balliol College; Oxford. (*Absent*).
* Victoria Institute.

Morgan (E. Delmar) M. R. A. S.; Londres. (*Absent*).

Nisbet (Miss Anna); Londres.

380 Orton (C. W. Previte); Leicester. (*Absent*).

Oxenham (R. G.); Londres.
* Université de Bombay.

Percival (F. W.) M. A.; Londres.
* Egypt Exploration Fund

Pinches (Theophilus G.) M. R. A. S., British Museum; Londres.
* Victoria Institute.

Plunkett (Lieut. Col. G. T.) R. E.; Dublin.

385 Reay (The Right Honourable, the Lord) G. C. S. I., president of the Royal Asiatic Society.
* Royal Asiatic Society.

Renouf (P. le Page); Londres.
* Society of Biblical Archæology.

Ridding (Miss C. Mary) M. R. A. S.; Londres. (*Absente*).

Rieu (Prof. Charles) Litt. D., University of London, British Museum; Londres.
* University College, London.

Ross (E. D.); Londres.

390 Rylands (W. H.) F. S. A; Londres. (*Absent*).
    * Society of Biblical Archæology.

Salmoné (Prof. Habib Anthony) C. I. M., M. R. A. S.; Londres. (*Absent*).

Sayce (Rev. Prof. Archibald H.) LL. D., Queen's College; Oxford. (*Absent*),
    * Université d'Oxford.

Straalen (Samuel van), British Museum; Londres. (*Absent*).

Takakusu (J.) B. A.; Oxford. (*Absent*).

395 Taylor (Rev. John) Litt. D.; Winchcombe, Gloucestershire.

Terrien de Lacouperie (Prof.); Londres. (*Absent*).

Walhouse (W. J.) M. R. A. S.; Londres.

West (Sir Raymond) K. C. F. E.; Londres.
    * Royal Asiatic Society.
    * Université de Bombay.
    * Punjab University, Lahore.

Winternitz (Dr. Moritz); Oxford. (*Absent*).

400 Wright (Rev. Dr. C. H. H.); Birkenhead.
    * Université de Londres.

GRÈCE.

Bikélas (D); Athènes.

Botassis, ancien député; Athènes.

ITALIE.

Ascoli (Graziadio), sénateur, membre de l'Académie royale dei Lincei; Milan.
    * Gouvernement Italien.
    * Université de Bologne.

Caetani (Don Leone), prince de Teano; Rome. (*Absent*).

405 Cardahi (le professeur Gabriel); Rome.

De Cara (César-A.), S. J.; Rome. (*Absent*).

De Gubernatis (le comte Angelo), professeur à l'Université de Rome.
    * Gouvernement Italien.

Guidi (Ignazio), membre de l'Académie royale dei Lincei, professeur à l'Université de Rome. (*Absent*).

Nallino (le Dr. C.-A.); Udine. (*Absent*).

410 Pavolini (Paolo-Emilio), professeur à l'Istituto di Studi
superiori de Florence. (*Absent*).

Pullè (le comte Francesco-L.), professeur à l'Université
de Pise; Florence.
* Université de Pise.
* Société asiatique italienne.

Schiaparelli (Celestino), professeur à l'Université de
Rome. (*Absent*).

Schiaparelli (Ernesto), directeur du Musée royal des
Antiquités de Turin.

Teloni (le comte Bruto), professeur à l'Istituto di Studi
superiori, secrétaire de la Société asiatique italienne;
Florence. (*Absent*).

415 Valenziani (Carlo), membre de l'Académie royale dei
Lincei, professeur à l'Université de Rome.
* Gouvernement italien.
* Académie royale dei Lincei.
* Université de Rome.
* Institut royal oriental de Naples.
* Société italienne de Géographie.

PAYS-BAS.

Baumgartner (Alexandre); Ruremonde. (*Absent*).

Birnie (G.); Deventer. (*Absent*).

Boele van Hensbroek (P. A. M.), libraire-éditeur; La
Haye. (*Absent*).

Elout van Soeterwoude (le chevalier); La Haye.
* Indisch Genootschap de La Haye

420 Goeje (Dr. M. J. de), professeur à l'Université de Leyde.
* Académie royale des sciences d'Amsterdam.

Houtsma (Dr. M. Th.), professeur à l'Université d'Utrecht.
* Université d'Utrecht.

Hoytema (D. van); La Haye. (*Absent*).

Kleyn (Dr. H. G.), professeur à l'Université d'Utrecht.

Land (Dr. J. P. N.), professeur à l'Université de Leyde.
* Gouvernement Néerlandais.

425 Niemann (Dr. George K.), professeur à l'École coloniale
de Delft.
* École coloniale de Delft.
* Institut royal des Indes néerlandaises de La Haye.

Oordt (A. P. M. van), libraire-éditeur (Maison E. J. Brill); Leyde. (*Absent*).

Pleyte (Dr. W.), directeur du Musée national des antiquités; Leyde.

Schlegel (Dr. Gustave), professeur à l'Université de Leyde.

Stoppelaar (Fr. de), libraire-éditeur (Maison E. J. Brill); Leyde.

430 Tiele (Dr. C. P.), professeur à l'Université de Leyde.
    * Gouvernement Néerlandais.

PORTUGAL.

Rodrigues (José Maria), professeur à l'Université de Coimbra. (*Absent*).

ROUMANIE.

Sturdza (Démètre), sénateur, ancien ministre, secrétaire général de l'Académie roumaine; Bucarest. (*Absent*).

RUSSIE.

Blomqvist (Dr. A. W.); Wasa (Finlande).

Chachanov (Alexandre), membre de la Société impériale archéologique de Moscou.
    * Société impériale archéologique de Moscou.

435 Chvolson (Daniel A.), conseiller d'État, professeur à l'Université de St-Pétersbourg. (*Absent*).
    * Faculté des langues orientales de St-Pétersbourg.

Donner (Dr. Otto), président de la Société finno-ougrienne, professeur à l'Université d'Helsingfors.
    * Société finno-ougrienne.

Esov (Gérasime d'), membre du Conseil du Ministre de l'Instruction publique; St-Pétersbourg.
    * Ministère de l'Instruction publique.

Esov (Dr. Jean d'); St-Pétersbourg.

Gottwaldt (Dr. J. M. E.), conseiller d'État et bibliothécaire en chef de l'Université de Kasan. (*Absent*).

440 Joukovski (Valentin), professeur à l'Université de St-Pétersbourg. (*Absent*).

Karloviez (Dr. Jean); Varsovie. (*Absent*).

Lébédev (S. Exc. Mme Olga de); Kasan. (*Absente*).

Mednikov (Nicolas A.), chargé de cours à l'Université
de St-Pétersbourg. (*Absent*).

Oldenbourg (Serge F. d'), chargé de cours à l'Université de St-Pétersbourg. (*Absent*).

445 Pozdnéyev (Alexis M.), professeur à l'Université de St-Pétersbourg. (*Absent*).
 * Faculté des langues orientales de St-Pétersbourg.

Radlov (Dr. Wilhelm), conseiller d'État, membre de
l'Académie des sciences de St-Pétersbourg.

Rosen (le baron de), doyen de la Faculté des lettres et
membre de l'Académie des sciences de St-Pétersbourg,
président de la Section orientale de la Société impériale
russe d'Archéologie. (*Absent*).

Schrœder (Léopold von), professeur à l'Université de Dorpat.

Smirnov (Basile), professeur à l'Université de St-Pétersbourg. (*Absent*).

450 Strandman (Dr. Ernest), professeur à l'Université d'Helsingfors. (*Absent*).

Troutovski (Voldemar), secrétaire général de la Société
impériale archéologique de Moscou. (*Absent*).

Vassiliev (Basile), professeur à l'Université de St-Pétersbourg. (*Absent*).

Vessélovski (Nicolas), professeur à l'Université de St-Pétersbourg. (*Absent*).

Wiasemski (le prince Constantin), explorateur en Asie;
Moscou.

455 Zagareli (A.), professeur à l'Université de St-Pétersbourg.
(*Absent*).

SUÈDE ET NORVÈGE.

Almkvist (Dr. Herman), professeur à l'Université d'Upsal.
 * Gouvernement Suédois.
 * Université d'Upsal.

Lieblein (Dr. J. D. C.), professeur à l'Université de Christiania.
 * Gouvernement Norvégien.

Malmström (le pasteur And.); Gårdstånga.

Piehl (Dr. Karl), professeur à l'Université d'Upsal.
 * Gouvernement Suédois.
 * Université d'Upsal.

460 Piehl (Madame Hedwig); Upsal.

TURQUIE.

Huart (Clément), drogman de l'ambassade de France;
Constantinople.

Kiamil (S. Exc. Numan Bey), secrétaire du Palais de
S. M. le Sultan; Constantinople.
* Gouvernement Ottoman

AFRIQUE.

Albrecht, avocat; Le Caire.

Chawki (Ahmed Effendi), attaché au Cabinet de S. A. le
Khédive; Le Caire.
* Ministère de l'Instruction publique d'Égypte.

465 Férid (Ahmed); Le Caire.

Loutfi (Omar Effendi), sous-directeur de l'École de Droit;
Le Caire.
* Ministère de l'Instruction publique d'Égypte.

Morgan (J. de), directeur du Service des antiquités de
l'Égypte; Le Caire.
* Institut égyptien du Caire.

Viljoen (W. J.), étudiant à l'Université de Strasbourg;
Afrique du Sud.

Vollers (K.), directeur de la Bibliothèque khédiviale; Le
Caire. (*Absent*).

470 Zagloul (Saad), conseiller à la Cour d'appel; Le Caire.

Zéki (Ahmed Effendi), chef de bureau au Conseil des Mi-
nistres, professeur à l'École khédiviale; Le Caire
* Ministère de l'Instruction publique d'Égypte.

AMÉRIQUE (ÉTATS-UNIS).

Adams (Mrs. Milward); Chicago.

Adler (Dr. Cyrus), Smithsonian Institution; Washington.
(*Absent*).

Benton (Prof. Charles W.), de l'Université de Minnesota;
Minneapolis.
* Université de Minnesota.

475 Chester (Dr. Frank D.), assistant, Harvard University;
Boston.

Gottheil (Prof. Richard J. H.), de Columbia College;
New-York.
* Columbia College.
* American Oriental Society.

Grieve (Miss Lucia G.); New-York.

Haupt (Prof. Dr. Paul), de Johns Hopkins University;
Baltimore.
* Smithsonian Institution.
* Johns Hopkins University.
* American Oriental Society.

Jackson (Prof. A. V. Williams), de Columbia College;
New-York.
* Columbia College.
* American Oriental Society.

480 James (Mrs. C. P.); Chicago.

Lanman (Prof. Charles R.), de Harward University;
Cambridge, Mass. (*Absent*).

Merriam (Prof. Augustus C.), de Columbia College,
ancien directeur de l'École américaine d'archéologie
d'Athènes; New-York.

Peters (John P.); New-York. (*Absent*).

Rogers (Prof. Robert W.), Drew Theological Seminary;
Madison, N. J.
* American Philosophical Society.

485 Toy (Prof. Crawford Howell), de Harvard University;
Cambridge, Mass.
* Bureau d'Éducation des États-Unis.
* American Academy of arts and sciences.

Ward (Rev. Dr. William Hayes); New-York. (*Absent*).

ASIE.

Arnold (T. W.) B. A., professeur au Mohammedan anglo-
oriental College et fellow de l'Université d'Allahabad;
Aligarh (Inde).
* Université d'Allahabad.

Bhownaggree (M. M.).
* S A le Mahârâja de Bhownagar.

Condai (Elie A.), consul de S. M. Hellénique à Damas
(Syrie). (*Absent*).

490 Frankfurter (Dr. O.); Bangkok. (*Absent*).

.Grierson (George-A.) C. I. S.; Howrah (Bengale).
* Gouvernement du Bengale.
* Université de Calcutta.
* Asiatic Society of Bengal.

Ishhito (R.); Japon.

Khatschaturian (A.), étudiant à l'Université de Strasbourg; Arménie.

Lagrange (le T. R. Père M. J.), prieur du couvent de St-Étienne; Jérusalem.

495 Lessar (S. Exc. M. Paul de), agent diplomatique de Russie à Boukhara. (*Absent*).

Lorgeou (Édouard), M. R. A. S., consul de France à Rangoon (Birmanie).

Oppert (Dr. Gustav), fellow de l'Université de Madras.
    * Gouvernement de Madras.
    * Université de Madras.

Rosthorn (Arthur von); Peking.
    * China Branch of the Royal Asiatic Society.

Stein (Dr M. A.), principal, Oriental College; Lahore (Inde). (*Absent*).

500 Ter-Movsessiantz (l'archimandrite); Arménie.

Thornton (Thomas H.) C. S. I., D. C. L., M. R. A. S.; Calcutta.
    * Gouvernement du Penjab.

Tokiwai (Tsuru-Matsu), étudiant à l'Université de Strasbourg; Japon.

Waddell (Surgeon major L.) M. B., Bengal medical Staff; Darjeeling (Bengale). (*Absent*).

Ont en outre souscrit à titre de membres:

La Bibliothèque de l'Université de Strasbourg.

505   —   de l'Université d'Heidelberg.

        —   de la Société asiatique de Paris.

        —   de l'Académie royale dei Lincei.

        —   de la Société asiatique italienne.

        —   de l'Institut royal oriental de Naples.

510   —   de l'Université de Christiania.

        —   de la Faculté des langues orientales de St-Pétersbourg.

        —   de la Société impériale russe d'Archéologie.

        —   Khédiviale du Caire.

        —   de l'Institut Smithsonien de Washington.

Des CARTES DE DAMES pour le Congrès ont été délivrées
aux noms suivants:

Mlle Dina Aschelong; Christiania.
Mme Henri Aubert; Genève.
Mme Édouard Barde; Genève.
Mme René Basset; Alger.
Mme Antoine-J. Baumgartner; Genève.
Mlle Marianne Baumgartner.
Mme Louis Benloew; Paris.
Mme van Berchem Sarasin; Genève.
Mme Paul van Berchem; Genève.
10 Mme Victor van Berchem; Genève.
Mlle Bernoulli; Versoix.
Miss H. G. Bertin; Londres.
Mme Agénor Boissier; Genève.
Mlle Blanche Boissier; Genève.
Mlle Nathalie Boissier; Genève.
Mme Edmond Boissier; Genève.
Mme Frédéric Borel; Genève, Paris.
Mme H. Bouthillier de Beaumont; Genève.
Mme Eugène de Budé; Genève.
20 Miss Edith K. Burgess; Édimbourg.
Mme Busch; Berne.
Mme Casimir de Candolle; Genève.
Mme Émile Chaix; Genève.
Mme Arthur de Claparède; Genève.
Mme Henri Cordier; Paris.
Mme Courvoisier; Versoix.

Mme Francis De Crue; Genève.

Mme Hartwig Derenbourg; Paris.

Mme O. Donner; Helsingfors.

30 Mlle Duchêne; Onex près Genève.

Mme Jules Du Pan; Genève.

Mme Ehni Viollier; Genève.

Mme Victor Fatio; Genève.

Mlle Alice Favre; Genève.

Mme Édouard Favre; Genève.

Mme Ernest Favre; Genève.

Mlle Feer; Paris.

Mme Ferber; Lyon.

Mme Hermann Fol; Genève.

40 Mme Alfred Gautier; Genève.

Mme Alphonse Gautier; Genève.

Mme Émile Gautier; Genève.

Mme Léon Gautier; Genève.

Mme Lucien Gautier; Lausanne.

Mme Raoul Gautier; Genève.

Mme Victor Gautier; Genève.

Mrs Ginsburg; Londres.

Miss Ginsburg; Londres.

Mme Gottheil; New-York.

50 Mrs A. G. Grierson; Howrah (Inde).

Miss L. H. R. Grieve, M. D.; New-York.

Mlle Esther Gronwall.

Mme Grube; Berlin.

Mrs Hall; Genève.

Miss Hall; Genève.

Mme Elisabeth Hartmann; Berlin.

Mme Paul Haupt; New-York.

Mme Charles Hentsch; Genève.

Mme Ernest Hentsch; Genève.

60 Mlle Alice Hentsch; Genève.

Mme de Horowitz; Vienne.

Mlle Édith Houdas; Paris.

Mme Clément Huart; Constantinople.

Mlle Christine Hunger; Leyde.

Mme Jungk; Berlin.

Mme Kirste; Graz.

Mme Kleyn Vos; Utrecht.

Mme Kuhn; Munich.

Mlle Lebet; Constantinople.

70 Mme Leumann; Strasbourg.

Mlle Ludwig; Prague.

Mme Édouard Martin; Genève.

Mme Ernest Martin; Genève.

Mme Maspero; Paris.

Mme A. C. Merriam; New-York.

Mme Berthold van Muyden; Lausanne.

Mme Gabriel Naville; Genève.

Mlle Gabrielle Naville; Genève.

Mme Théodore Naville; Genève.

80 Mme Necker; Genève.

Mlle Germaine Necker; Genève.

Mme Nestle; Ulm.

Mme Émile Odier; Genève.

Mme James Odier; Genève.

Mlle Isabelle Odier; Genève.

Mme Paul Oltramare; Genève.

Mme Oppert; Paris.

Mme Ormond; Genève.

Mrs Percival; Londres.

90 Mme Édouard Pictet Prevost; Genève.

Mme Louis Pictet; Genève.

Mrs Theo. G. Pinches; Londres.

Mme Pischel; Halle.

Mme Émile Plantamour; Genève.

Mme W. Pleyte; Leyde.

Mlle P. Pleyte; Leyde.

Mlle E. Pleyte; Leyde.

Mme Alexandre Prevost; Genève.

Mme Prevost Mallet; Genève.

100 Lady Reay; Londres.

Mme Reckendorf; Fribourg-en-Brisgau.

Mme Théodore Reinach; Paris.

Mme Revilliod Fœsch; Genève.

Mme Charles Rigaud; Genève.

Mme Rilliet Saladin; Genève.

Mme Albert Rilliet; Genève.

Mlle Mathilde Rilliet; Genève.

Mme Edmond de la Rive; Genève.

Mme Romain Rolland; Paris.

110 Mlle Anna Sarasin; Genève.

Mlle Augusta Sarasin; Genève.

Mme Édouard Sarasin; Genève.

Mme Georges Sarasin; Genève.

Mme Maurice Sarasin; Genève.

Mme Édouard de Saugy; Genève.

Mme Ferdinand de Saussure; Genève.

Mme Théodore de Saussure; Genève.

Mme Schmidt; Berlin.

Mme Senart; Paris.

120 Mme Simonsen; Copenhague.

Mme Charles Soret; Genève.

Mme Louis Soret; Genève.

Mme Spiro; Lausanne.

Mme Frédéric de Stoutz; Genève.

Mme Strœhlin; Genève.

Mlle Strœhlin; Genève.

Mme A. Tiele; Leyde.

Mme Trembley Naville; Genève.

Mᵐᵉ Albert Turrettini; Genève.

130 Mᵐᵉ François Turrettini; Genève.

Mˡˡᵉ Isabelle Turrettini; Genève.

Mᵐᵉ Théodore Turrettini; Genève.

Miss Walhouse; Londres.

Mᵐᵉ Willcomb; États-Unis.

Mrs Wright; Birkenhead.

LISTE DES DÉLÉGATIONS.

L'Université de Lausanne.
    M. Henri Vuilleumier.
    M. Jean Spiro.
    M. A. Maurer.

L'Université de Zurich.
    M. Adolf Kægi.

L'Académie de Neuchâtel.
    M. Jules Le Coultre.
    M. Alexandre Perrochet.

La Société neuchâteloise de Géographie.
    M. Alexandre Perrochet.
    M. Jean Spiro.

ALLEMAGNE.

Le Ministère des Cultes, de la Justice et de l'Instruction du Grand-Duché de Bade.
    M. August Eisenlohr.

L'Académie royale des Sciences de Munich.
    M. Ernst Kuhn.
    M. Fritz Hommel.
    M. Karl Krumbacher.
    M. Julius Jolly.

L'Université de Breslau.
    M. Friedrich Delitzsch.

L'Université de Giessen.
    M. Bernhard Stade.

L'Université de Halle.
    M. Richard Pischel.

L'Université d'Heidelberg.
    M. August Eisenlohr.

L'Université de Kœnigsberg.
    M. Richard Garbe.

L'Université de Munich.
M. Ernst Kuhn.

L'Université de Strasbourg.
M. Karl Budde.
M. Ernst Leumann.

La Deutsche Morgenlændische Gesellschaft.
M. Emil Kautzsch.
M. Ernst Windisch.

Le Deutscher Palæstina-Verein.
M. Albert Socin.

AUTRICHE-HONGRIE.

Le Ministère de l'Instruction publique et des Cultes d'Autriche.
M. Georg Bühler.
M. Josef Karabaček.
M. David Heinrich Müller.
M. Leo Reinisch.

Le Ministère de l'Instruction publique et des Cultes de Hongrie.
M. Arminius Vámbéry.

L'Académie hongroise des Sciences (Magyar Tudoma'nyos Akadémia).
M. Ignaz Goldziher.

L'Université de Vienne.
M. Leo Reinisch.

L'Université de Buda-Pesth.
M. Arminius Vámbéry.

L'Université allemande de Prague.
M. Max Grünert.

FRANCE.

Le Ministère de l'Instruction publique et des
Beaux-Arts.
> M. Barbier de Meynard.
> M. Émile Guimet.
> M. Gaston Maspero.
> M. Charles Schefer.

Le Gouvernement général de l'Algérie.
> M. O. Houdas.

L'Académie de Paris (Université de France).
> M. Sylvain Lévi.

L'Académie de Lyon (Université de France).
> M. Paul Regnaud.
> M. Victor Loret.

L'Académie de Toulouse (Université de France).
> M. Charles Bruston.

L'École pratique des Hautes-Études de Paris; section des sciences historiques et philologiques.
> M. Jules Oppert.
> M. Hartwig Derenbourg.
> M. Louis Duvau.
> M. Antoine Meillet.

L'École pratique des Hautes-Études de Paris; section des sciences religieuses.
> M. Hartwig Derenbourg.
> M. Sylvain Lévi.

Les Musées nationaux.
> M. Georges Bénéditte.

L'Académie des Sciences, des Arts et des Belles-
Lettres de Lyon.
> M. Émile Guimet.

L'Académie de Mâcon (Sciences, Arts, Belles-Let.
tres et Agriculture).
M. Émile Guimet.

La Société de Géographie de Paris.
M. Henri Cordier.

La Société des Études juives de Paris.
M. Théodore Reinach.

La Société d'Anthropologie de Paris.
M. Ollivier Beauregard.

La Société des Traditions populaires de Paris.
M. Charles Ploix.
M. Henri Cordier.
M. Ollivier Beauregard.

La Société de Géographie commerciale de Paris.
M. Édouard Blanc.
M. Henri Chevalier.

La Société de Géographie de Lille.
M. Eugène Delessert.

La Société de Géographie de Marseille.
M. Albert Breittmayer.

GRANDE-BRETAGNE ET IRLANDE.

L'Université de Cambridge.
M. A. A. Bevan.
M. E. G. Browne.

L'Université d'Édimbourg.
M. James Burgess.

L'Université de Londres.
M. C. H. H. Wright.

L'Université d'Oxford.
>M. Henry Sayce.
>M. David S. Margoliouth.
>M. Arthur A. Macdonell.

The University of Wales.
>M. T. Witton Davies.

The University College, London.
>M. Charles Rieu.

The University College, Nottingham.
>M. T. Witton Davies.

The Royal Asiatic Society.
>Lord Reay.
>Sir Raymond West.
>M. A. A. Macdonell.
>M. C. J. Ball.
>M. Cecil Bendall.

The Royal Scottish Geographical Society.
>Hon. John Abercromby.
>M. James Burgess.

The Society of Biblical Archæology, London.
>M. P. le Page Renouf.
>M. Arthur Cates.
>M. C. J. Ball.
>M. W. H. Rylands.

The Victoria Institute, or Philosophical Society
of Great Britain, London.
>Sir Monier Monier-Williams.
>M. Theophilus G. Pinches.

The Japan Society, London.
>M. Arthur Diósy.

The Pali Text Society, London.
>M. E. Müller-Hess.

The Numismatic Society, London.
M. O. Codrington.

The Manchester Geographical Society.
M. L. C. Casartelli.

The Egypt Exploration Fund, London.
M. F. Percival.

The Palestine Exploration Fund, London.
M. Christian D. Ginsburg.

ITALIE.

Le Gouvernement Italien.
M. Graziadio Ascoli.
M. le comte Angelo De Gubernatis.
M. Carlo Valenziani.

L'Académie royale dei Lincei.
M. Carlo Valenziani.

L'Université de Rome.
M. Carlo Valenziani.

L'Université de Bologne.
M. Graziadio Ascoli.

L'Université de Pise.
M. le comte Francesco L. Pullé.

L'Istituto reale orientale de Naples.
M. Carlo Valenziani.

La Società asiatica italiana de Florence.
M. le comte Francesco L. Pullé.

La Société italienne de Géographie de Rome.
M. Carlo Valenziani.

PAYS-BAS.

Le Gouvernement Néerlandais.
M. C. P. Tiele.
M. J. P. N. Land.

L'Académie royale des Sciences d'Amsterdam.
>M. M. J. de Goeje.

L'Université d'Utrecht.
>M. Th. Houtsma.

L'Institut royal des Indes Néerlandaises, La Haye.
(Instituut voor de Taal- Land- en Volkenkunde
van Nederlandsch Indië).
>M. G. K. Niemann.

La Société indienne (Indisch Genootschap) de La Haye.
>M. W. Elout van Soeterwoude.

L'École coloniale (Indische Instelling) de Delft.
>M. G. K. Niemann.

RUSSIE.

Le Ministère de l'Instruction publique.
>M. Gérasime d'Esov.

La Faculté des langues orientales de l'Université
impériale de Saint-Pétersbourg.
>M. D. Chvolson.
>M. A. Pozdnéyev.

La Société impériale archéologique de Moscou.
>M. Alexandre Chachanov.

La Société finno-ougrienne d'Helsingfors.
>M. O. Donner.

SUÈDE ET NORVÈGE.

Le Gouvernement Suédois.
>M. Herman Almkvist.
>M. Karl Piehl.

Le Gouvernement Norvégien.
>M. J. Lieblein.

L'Université d'Upsal.
> M. Herman Almkvist.
> M. Karl Piehl.

TURQUIE.

Le Gouvernement Ottoman.
> S. Exc. N. Kiamil Bey.

AFRIQUE.

ÉGYPTE.

Le Ministère de l'Instruction publique d'Egypte.
> Ahmed Chawki Effendi.
> Omar Loutfi Effendi.
> Ahmed Zéki Effendi.

L'Institut égyptien du Caire.
> M. J. de Morgan.

AMÉRIQUE DU NORD.

ÉTATS-UNIS.

L'Institut Smithsonien.
> M. Paul Haupt.

Le Bureau d'Éducation des États-Unis.
> M. Crawford H. Toy.

The American Academy of Arts and Sciences, Boston.
> M. Crawford H. Toy.

The Columbia College, New-York.
> M. A. V. Williams Jackson.
> M. R. J. H. Gottheil.

The Johns Hopkins University, Baltimore, Md.
> M. Paul Haupt.

The University of Minnesota, Minneapolis.
> M. C. W. Benton.

The American Oriental Society.
> M. Paul Haupt.
> M. R. J. H. Gottheil.
> M. A. V. Williams Jackson.

The American Philosophical Society.
> M. Robert W. Rogers.

AMÉRIQUE DU SUD.

BRÉSIL.

L'Institut historique et géographique du Brésil.
> M. Christian Friedrich Seybold.

PÉROU.

La Sociedad geografica de Lima.
> M. Arthur de Claparède.

ASIE.

INDE ANGLAISE.

Le Gouvernement de l'Inde.
> M. James Burgess.

Le Gouvernement du Bengale.
> M. G. A. Grierson.

Le Gouvernement de Madras.
> M. Gustave Oppert.

Le Gouvernement du Pendjab.
> M. T. H. Thornton.

Son Altesse le Mahârâja Rawal Sir Takhtsinghji
Jaswatsinghji de Bhownagar.
> M. M. M. Bhownaggree.

L'Université d'Allahabad.
M. T. W. Arnold.

L'Université de Bombay.
Sir Raymond West.
M. R. G. Oxenham.

L'Université de Calcutta.
M. G. A. Grierson.

L'Université de Madras.
M. G. Oppert.

The Punjab University, Lahore.
Sir Raymond West.

The Asiatic Society of Bengal.
M. G. A. Grierson.

The Asiatic Society of Ceylon.
M. Donald Ferguson.

INDES NÉERLANDAISES.

La Société des Arts et des Sciences de Batavia
(Bataviaasch Genootschap van Kunsten en We-
tenschappen).
M. Renward Brandstetter.

CHINE

The China Branch of the Royal Asiatic Society,
Shanghai.
M. Arthur von Rosthorn.

The Peking Oriental Society.
M. Édouard Chavannes.

RÈGLEMENT GÉNÉRAL DU CONGRÈS.

1. Les langues officielles du Congrès sont: le français, l'allemand, l'anglais et l'italien. Toutefois pour les communications on pourra aussi se servir du latin.

2. Il y aura deux séances générales, à l'ouverture et à la clôture du Congrès.

3. Le Congrès est divisé en 8 sections, à savoir: I, Inde; I *bis*, Linguistique et langues aryennes; II, Langues sémitiques; III, Langues musulmanes; IV, Égypte et langues africaines; V, Extrême Orient; VI, Grèce et Orient; VII, Géographie et Ethnographie orientales.

4. Le Comité d'organisation désigne les présidents de chaque section. Les sections nommeront elles-mêmes leurs vice-présidents et leurs secrétaires.

5. Chaque section a son local spécial. Elle fixe elle-même l'ordre du jour de ses séances. Elle pourra d'accord avec le président du Congrès augmenter ou diminuer le nombre des séances indiquées sur l'ordre du jour général.

6. Chaque jour les secrétaires des sections qui ont tenu séance déposeront le plus tôt possible au bureau le résumé des travaux de la journée, ainsi que l'ordre du jour de la séance suivante; les procès-verbaux et ordres du jour seront publiés pour le lendemain matin. On pourra les retirer au bureau.

7. Le Comité d'organisation se charge de la publication des Actes du Congrès. Il décide quels travaux écrits et quelles

communications seront admis dans les Actes. Pour faciliter cette publication, les auteurs sont priés d'indiquer exactement au bureau l'adresse de leur domicile habituel.

8. Les livres et imprimés offerts au Congrès et dont il n'a été remis qu'un exemplaire deviendront la propriété de la Bibliothèque publique de Genève. Les ouvrages offerts en nombre seront distribués suivant la volonté du donateur. Toutefois un exemplaire sera prélevé en faveur de la Bibliothèque.

9. Il sera formé une Commission consultative de 9 à 11 membres désignés par le président du Congrès. Les sections déféreront à cette Commission les propositions et vœux qui pourraient leur être soumis. La Commission décidera si ces propositions devront être présentées à la séance de clôture.

SÉANCE D'OUVERTURE.

GRANDE SALLE DE L'UNIVERSITÉ
Mardi, 4 Septembre 1894.

La séance est ouverte à 10 heures.

M. le Colonel Frey, Président de la Confédération Suisse, président d'honneur du Congrès, ouvre le Congrès par le discours suivant:[1]

Mesdames et Messieurs,

Le Comité d'organisation de votre Congrès a bien voulu m'appeler à la présidence d'honneur et me charge en même temps d'ouvrir vos délibérations.

Répondant à cet appel, d'accord avec le Conseil fédéral, j'ai l'honneur et le plaisir de vous souhaiter la bienvenue sur le territoire suisse.

Pénétré de respect pour la science véritable et sachant jusqu'à quel point elle fait l'honneur et l'ornement de la vie publique, le Conseil fédéral voit dans la session du Congrès des orientalistes à Genève un hommage à la réputation scientifique de notre pays.

A première vue, la science spéciale que vous représentez semble un peu en dehors de la route battue des intérêts publics. Cependant les profanes qui suivent le développement des sciences savent que les différentes branches de la philologie ne sont plus, comme autrefois, cultivées isolément, mais que toutes, y compris la science des langues modernes, sont considérées par la philologie comparée comme les membres d'un seul corps; que toutes aujourd'hui — même les plus lointaines en apparence — doivent servir à l'étude de ces langues qui figurent au premier rang dans nos écoles et nos universités.

---

1) Traduction du discours de M. le Colonel Frey, qui a parlé en allemand.

Ce fait, sans doute, peut n'être, en quelque sorte, que le reflet de la science sur le rapprochement de plus en plus étroit des nations et des langues; d'un autre côté, les gens soucieux des solutions pratiques savent apprécier la haute valeur des études scientifiques comme telles, et ne renonceraient pas volontiers à l'influence bienfaisante qu'elles exercent sur la vie intellectuelle des peuples.

Dans nos écoles aussi nous n'enseignons pas seulement ce qui semble être d'une application pratique immédiate, car nous savons que rien de ce qui s'acquiert par une recherche scientifique sérieuse n'est perdu pour le développement intellectuel et la puissance productrice d'un peuple.

Nous saluons donc avec une vive satisfaction les représentants distingués de la philologie orientaliste, et c'est en exprimant le vœu que leurs débats frayeront de nouvelles voies à la science que je déclare ouvert le Xme Congrès international des orientalistes.

M. E. Richard, Président du Conseil d'État du canton de Genève, président d'honneur du Congrès, souhaite la bienvenue aux membres du Congrès, au nom des autorités genevoises dans le discours suivant:

> Monsieur le président de la Confédération,
> Mesdames et Messieurs,

Le Conseil d'État de la République et canton de Genève réclame la faveur de vous adresser — après M. le président de la Confédération suisse — un salut de cordiale bienvenue.

Il tient à vous dire combien il est fier de voir réunie sur son territoire une pareille assemblée de savants qui sont l'honneur de la science.

Certes, l'hospitalité que nous sommes heureux de vous offrir ne saurait rivaliser en éclat avec les brillantes réceptions auxquelles vous êtes accoutumés dans les autres pays; mais, à défaut du luxe, j'ose affirmer que la chaude sympathie qui l'inspire ne pourra nulle part être dépassée. L'instinct de notre propre conservation nous la dicterait, si nous n'avions déjà une considération très haute pour des hôtes aussi distingués que vons. L'un des premiers devoirs et privilèges des petits États n'est-il pas d'assurer aux hommes d'étude la plus entière indépendance de discussion et la plus absolue liberté de conclusion? Et n'est-ce pas leur meilleure sauvegarde que de travailler à l'union des peuples par la pratique de la vérité scientifique? Nous concourons ainsi — et dans la mesure de nos moyens — à l'œuvre générale du progrès.

A ce point de vue supérieur, le Congrès des orientalistes qui s'ouvre aujourd'hui revêt une importance exceptionnelle, que rehaussent encore le nombre et l'illustration de ses membres, la participation de plusieurs gouvernements, les délégations universitaires et de sociétés savantes.

Le champ de votre activité est vaste et rempli de sujets séduisants, de questions du plus vif intérêt, d'attractions irrésistibles pour toute intelligence avide des choses de l'esprit.

Vous répandez la lumière sur un monde qu'enveloppent encore en grande partie les brumes de l'inconnu, que notre imagination entoure des voiles de sa fantaisie et qui nous impose une sorte de respect mystique.

Ce long passé — jusqu'ici incomplètement déchiffré — qui remonte à de lointaines et incertaines origines et qui aboutit à un présent qui charme et attire — comment pourrait-il ne pas nous saisir? N'est-il pas le commencement de notre propre existence, les premières pages de nos archives ethnographiques, la période d'élaboration de notre caractère et de préparation des concepts européens qui nous dirigent?

Vos études fécondes découvrent les anneaux de la chaîne sans fin qui dans l'espace et le temps relie le berceau de la pensée à son épanouissement actuel. Elles ouvrent les portes du temple qui renferme le verbe divin que notre foi errante et débile voudrait comprendre. Elles montrent les idées éternelles et toujours identiques naître aux bords des fleuves sacrés, descendre leur cours, se répandre parmi toutes les nations, se transformer selon les races et s'incarner dans des dogmes sous lesquels se retrouve l'unité originelle. Vous nous dites le sens de ces êtres symboliques que le poète appelle:

«Les grands sphinx qui jamais n'ont baissé la paupière,
«Allongés sur leurs flancs que baigne un sable blond.»

Au travers de cet ensemble, pour ainsi dire sans borne, puisqu'il embrasse toutes les manifestations humaines, allant des coutumes simples des peuplades primitives à la sagesse prudente des lettrés, aux graves propos des philosophes de la Grèce et aux douces consolations de la religion chrétienne — nous apercevons nettement la marche expansive de la civilisation dont l'aurore parut aux pays même où se lève le soleil.

Et tout cela — paré de couleurs intenses — si enchanteur que le mauvais goût de l'imitation et la vulgarisation mercantile ne parviendront pas à nous en blaser — tout cela n'est pas un vain jeu de curiosité subtile. Ce que vous poursuivez, en effet, dans ce dédale multiforme, c'est l'esprit humain, c'est l'homme lui-même ou plutôt son âme, sujet éternellement épuisé de nos études, but suprême de toutes nos recherches.

Oui, ce qui nous captive dans votre science, ce n'est pas seulement la connaissance géographique et anthropologique des plus grands continents du globe, de ces vastes régions asiatiques et africaines où sont accumulées les merveilles de la terre, c'est surtout le spectacle de nous-mêmes, de nos propres passions agitant nos aïeux, des habitudes dont nous avons hérité, des problèmes irrésolus qui nous ont été transmis et qui nous hantent encore, des aspirations qui nous portent et qui malgré la diversité des langues et des mœurs soutenaient et relevaient déjà la foi de ceux qui nous ont précédés.

En exhumant ces temps enfouis dans la nuit obscure de notre ignorance, et que la chronologie classique recule au plus loin, vous les rapprochez des nôtres et nous entendons leurs enseignements. C'est ainsi que nous voyons grandir, vivre et périr, des nations renommées pour leur puissance, que nous voyons la civilisation, semblable à un irrésistible courant, quitter les rivages où elle fleurit, se déplacer et s'étendre à d'autres contrées que la folie des hommes lui fera peut-être déserter à son tour.

Dans son effort toujours tendu vers l'avenir, la société doit souvent regarder le chemin parcouru pour assurer sa marche en avant. Or, voici que sous vos fouilles méthodiques les limons épais qui ensevelirent des villes glorieuses, dont le nom retentit encore au-dessus de nos têtes, s'entr'ouvrent, laissant voir en leur sommeil granitique des empires ruinés et leurs multitudes couchées. Et par une évocation scientifique, vous réveillez les nécropoles silencieuses qu'emplissaient autrefois la clameur des rues et le bruit des carrefours, vous recueillez avec soin les chants des poètes et les actes de la piété, vous interrogez les témoins de pierre et l'écriture des architectes, vous ressuscitez les générations disparues qui vécurent dans ces cités puissantes, où la civilisation semblait à son apogée, à la veille même de leur écroulement sous le poids de la corruption et du raffinement des mœurs. Et de tous ces documents se dégage une démonstration de la parenté des peuples actuels, de leur communauté de souffrance et d'espérance, de leur étroite union dans la famille humaine.

Ces tableaux, à la fois grandioses et émouvants, nous vous les devons et nous sentons qu'ils nous rendent une partie de l'humanité.

Peu de sciences ont acquis un aussi rapide développement que la vôtre depuis quelques années, et la variété du programme de ce Congrès — qui à l'étude d'un passé aux formes immobilisées joint celle des évolutions qui leur ont succédé — le prouve. Par son caractère largement humaniste, elle est devenue populaire, au sens élevé du mot. Les profanes la contemplent avec cette admiration secrète qui gonflait la poitrine des anciens Gaulois en présence des sénateurs romains — l'admiration pour ce qui est fort et élève la pensée. Ils attendent donc beaucoup de vous, car ce n'est plus la lettre du texte qu'il leur faut, c'est l'esprit, l'esprit qui éclaire et enseigne la vie. Au milieu de leurs idoles brisées, les peuples modernes ont besoin de vérité. C'est à la science qu'ils la demandent, et dans leur sphère vos travaux contribueront à la leur donner.

Messieurs, ces sentiments d'espérance et de gratitude, je désire, en terminant, vous assurer que la population genevoise les éprouve à votre égard; c'est pourquoi elle vous accueille avec joie et déférence. Elle se réjouit de vos travaux et elle souhaite que vous emportiez les plus agréables souvenirs de votre trop court séjour parmi nous.

M. le Colonel Frey, rappelé à Berne par les devoirs
de sa charge, quitte la salle. Il est remplacé au fauteuil
de la présidence par M. E. Richard.

M. Édouard Naville, Président du Congrès, prend la
parole :

> Monsieur le Président de la Confédération suisse,
> Monsieur le Président du Conseil d'État,
> Mesdames et Messieurs,

Ce n'est pas sans une vive émotion, que je me lève et
que je me présente devant cette nombreuse assemblée. Je me
reporte au jour où, pour la première fois, huit d'entre nous
se réunirent et décidèrent d'inviter à Genève les orientalistes
du monde entier. Il est vrai que nous nous rattachions à toutes
les branches de l'orientalisme, il est vrai aussi que de l'étranger
des autorités scientifiques de premier ordre nous avaient solli-
cités de faire ce grand pas. Mais cependant, quand on réfléchit
que nous prétendions par là imiter ce qu'avaient fait les plus
grandes villes de l'Europe, que nous allions essayer de marcher
de pair avec Paris, Londres, Pétersbourg, Berlin, Florence,
Vienne, Stockholm ; et que dans ce concert de capitales scientifiques de l'Europe, nous en trouvions une seule, la ville de
Leyde, avec laquelle nous pouvions nous mesurer, encore n'est-ce
que par le nombre ; on pouvait à juste titre nous taxer d'impru-
dence, on pouvait nous reprocher d'oublier notre petitesse. Eh
bien ! oui, Messieurs, nous l'avons oubliée, notre petitesse, et
notre force a été de n'y pas penser. Nous avons payé d'audace,
et dans toutes les langues, les proverbes, cette sagesse des
nations, ne nous apprennent-ils pas que l'audace est presque
toujours le secret du succès ? D'ailleurs, Messieurs, nous avons
fait là ce que nous faisons tous les jours, et ce qui est même
une des conditions de notre existence. Vivant au milieu de quatre
grandes puissances, de ces colosses politiques dont telle capitale
dépasse en population notre pays tout entier, nous avons pris
l'habitude de revendiquer avec persévérance et en toute occasion
notre petite place au soleil. Nous ne nous trouvons pas trop
petits pour être indépendants, nous ne sommes pas trop petits
pour vivre et agir en hommes libres, et si notre domaine ter-

ritorial est restreint, si nous sommes enserrés de toutes parts
par des voisins tout autrement grands que nous, qui est-ce qui
nous empêche de nous étendre dans le domaine de l'intelligence;
là où l'espace est infini, où il n'y a de frontières ni naturelles
ni artificielles, et pas d'armée pour nous barrer le chemin.

Et cependant s'il y avait une petitesse de nature à nous
faire hésiter, c'est celle-là. Si je pense à Leyde, celle des villes
de congrès à laquelle nous croyons pouvoir le mieux nous
comparer, quand je vois cette pléiade d'hommes éminents qui
composaient le comité d'organisation — dont quelques-uns, malheureusement, ne sont plus, mais dont nous avons le plaisir
de compter plusieurs parmi nous aujourd'hui — alors, Messieurs,
je me sens forcé de m'approprier cette parole que l'illustre
président d'alors vous adressait, et qu'il écrivait par avance
pour moi: „Jamais encore vous n'avez heurté à la porte d'un
si mince personnage pour lui demander l'hospitalité." Ah! cette
petitesse, c'était la plus dangereuse à oublier, c'était là que
l'audace côtoyait la présomption; nous l'avons oubliée quand
même, et, je n'hésite pas à le dire, nous avons eu raison, ou
plutôt c'est vous qui aujourd'hui nous donnez raison. Quand
je jette les yeux sur cette assemblée, que j'y vois les délégués
de 15 gouvernements des cinq parties du monde, de 97 universités ou corps savants de toute espèce, quand je songe que j'ai
parmi mes auditeurs un grand nombre de nos maîtres, de ces
hommes dont la réputation s'étend sur tout le monde savant
et dont le nom est déjà familier à quiconque en est encore aux
éléments des études orientales, quand je songe que le Congrès
des orientalistes de Genève est un des plus nombreux qui se
soient réunis jusqu'à présent, ne me parlez plus de présomption,
d'entreprise téméraire; laissez-nous nous réjouir sans arrière-pensée
de l'honneur que vous faites à notre patrie, en répondant ainsi
en foule à l'appel que nous vous avons adressé; laissez-moi vous
en remercier d'autant plus vivement que cet honneur dépasse
de loin nos espérances.

Je me sens pressé d'adresser des remercîments non seulement à tous ceux qui sont ici, mais aussi hélas à un homme
dont la place était marquée d'avance dans cette assemblée et
dont nous déplorons la perte toute récente, le professeur Dillmann, l'ancien président du Congrès de Berlin. Il n'est pas

nécessaire de rappeler les travaux qui portent un nom aussi illustre. Mais ce que je tiens à dire, c'est que de tous mes maîtres, il en est peu qui m'aient aussi constamment encouragé et témoigné une sympathie aussi bienveillante dans l'entreprise que nous avons tentée; et cette sympathie avait pour moi d'autant plus de prix qu'elle venait d'un homme qui avait été mon prédécesseur à cette présidence que je me sens si peu digne d'occuper après lui. Le 17 juin il m'écrivait encore qu'il était heureux de voir le bon accueil qu'avait rencontré partout notre invitation, à laquelle il aurait voulu se rendre, et le 9 juillet il quittait cette terre presque à l'instant où il venait d'achever son travail sur les apocryphes éthiopiens. Vous vous joindrez à moi, messieurs, pour exprimer à sa famille la vive part que nous prenons tous à la perte de cet homme grand par la science, et d'un commerce si agréable et si sûr pour tous ceux qui ont eu le privilège de le connaître.

Notre résolution une fois prise, nous avons fait appel au concours de nos concitoyens; tous les corps savants, officiels ou non, de notre ville se sont joints à nous pour l'organisation du Congrès, et des personnes de bonne volonté se sont chargées de toute la partie matérielle; nous avons ainsi composé notre comité d'organisation. Nous avons aussi demandé à nos confrères des autres cantons de la Suisse de former un comité général et de nous appuyer vis-à-vis de l'étranger de leur nom et de leur sympathie.

Cela fait, suivant la tradition de notre pays, notre organisation étant achevée, nous sommes allés auprès de nos autorités, nous leur avons demandé de bien vouloir prendre intérêt à une entreprise où le renom scientifique de Genève était en jeu. Nous remercions très sincèrement l'autorité la plus élevée de notre pays, le Président de la Confédération suisse, de ce qu'il a consenti à accepter la présidence d'honneur du Congrès, et à l'ouvrir par le remarquable discours que vous venez d'entendre; nous savions bien que tout ce qui peut ajouter à la considération dont nous désirons voir notre pays jouir parmi les nations, ne le laisserait pas indifférent, et nous sommes très reconnaissants de ce qu'il a bien voulu y contribuer lui-même en vous présentant les premières paroles de bienvenue.

Ces remercîments, nous voulons les adresser également au

Président du Conseil d'État de la République et canton de Genève, que vous avez été aussi heureux que nous d'entendre et
qui nous a donné un concours fort utile en mettant à notre disposition tous les bâtiments de l'Université. Nous n'avons garde
d'oublier le Conseil d'État de Genève et le Conseil administratif de la Ville de Genève, à la bienveillance desquels nous devons les deux réceptions officielles indiquées au programme.
Puis, Messieurs, nous remercions deux souverains: Sa Majesté
Oscar II, roi de Suède et de Norvège, et Sa Majesté Charles Ier, roi de Roumanie; et deux membres de familles régnantes:
Son Altesse Impériale et Royale l'archiduc Régnier d'Autriche
et Son Altesse le prince Philippe de Saxe-Cobourg-Gotha, de ce
qu'ils ont gracieusement accepté la vice-présidence d'honneur
et le patronage d'un Congrès tenu dans une république et
présidé par des républicains. Ces princes nous ont ainsi donné
une marque signalée, ajoutée à toutes les autres, de l'intérêt
bienveillant qu'ils portent au développement des études orientales. L'un d'entre eux même a fait davantage, Son Altesse le
prince Philippe de Saxe a désiré prendre place au milieu des
travailleurs, de ceux qui font avancer la science par leurs propres forces, en nous envoyant un mémoire que vous serez heureux d'entendre dans la section des langues musulmanes.

Je parlais il y a un instant des circonstances qui étaient
propres à nous faire reculer devant la convocation du Congrès
à Genève; soyons justes, il y en a d'autres, qui en revanche
sont de nature à en favoriser le succès. Nous sommes neutres,
nous voulons rester étrangers aux combinaisons et aux rivalités
de la politique, nous ne connaissons pas d'alliance, ni à deux,
ni à trois, ni à quatre. Je n'ai pas à juger ici de la manière
dont nous observons notre neutralité politique; à tout prendre,
je crois que nous ne nous en tirons pas trop mal, mais nous
voudrions vous montrer aussi comment nous entendons la neutralité de la science. Ici plus d'écriteau sur la route sur lequel
on lit ces mots: „On ne passe pas," au contraire nous vous
disons: Venez en grand nombre, vous êtes les bienvenus,
apportez-nous votre science en aussi grande quantité que vous
pourrez; il n'y a à la porte ni douane, ni droit d'entrée, venez
jouir de l'hospitalité simple et modeste d'un petit peuple. Pendant ces quelques jours ne pensez pas au rôle que joue votre

pays dans le concert européen ou dans le Nouveau Monde. Ne vous demandez pas s'il a une armée puissante, une flotte plus ou moins nombreuse, s'il interviendra ici ou là, faites taire même des souvenirs qui appartiennent à un ordre d'idées qui chez nous n'existe pas. Échangez entre vous et avec nous ces produits de l'esprit que vous avez acquis au prix de beaucoup de travail et de peine, et qui portent l'empreinte du génie spécial à chacune des nations auxquelles vous appartenez. Après tout, n'est-ce pas là le résultat le plus clair des congrès scientifiques de toute espèce? On croit souvent et bien à tort qu'un congrès est destiné à produire de grandes découvertes, ou à prendre des résolutions d'une haute importance pour le développement des connaissances humaines. Il n'en est rien. Un congrès, c'est une visite que les savants se font les uns aux autres, c'est une conversation entre savants. Dans la vie ordinaire, deux personnes ne croient pas avoir fait connaissance lorsqu'elles se sont bornées à s'écrire ou à lire ce que l'une ou l'autre peut avoir imprimé. Il en est de même dans la science, et même la connaissance personnelle y est plus importante qu'on ne le croit. Combien de points de vue nouveaux peuvent surgir, combien de renseignements peuvent s'acquérir, combien de préjugés, d'idées préconçues peuvent être dissipées dans une conversation de quelques minutes.

Confrères de Berlin, de Paris, de Leipzig, d'Oxford, de Leyde, vous ne savez pas ce que c'est que l'isolement scientifique, quelle charge et souvent quel piège c'est pour nous de travailler toujours seuls ou presque seuls, et, lorsque nous voudrions vous consulter ou échanger quelques idées avec vous, de devoir toujours recourir à la correspondance! Aussi c'est pour nous un privilège doublement précieux de vous posséder si nombreux dans nos murs.

A Genève, la diversité des langues est peut-être une difficulté moins grande qu'ailleurs. Pour la première fois nous avons inscrit dans notre règlement que les langues officielles du Congrès seraient au nombre de quatre, dont trois de notre pays. Vous venez d'entendre M. le Président de la Confédération suisse ouvrir le Congrès en allemand, dans la langue que parlent les deux tiers de nos compatriotes. Vous allez sourire, vous allez me dire que ce que vous entendiez hier dans les vallées d'Un-

terwald ou de Glaris, c'était un langage fort différent de celui
des plaines du Hanovre ou de la Saxe, ou même des côteaux
du Wurtemberg. C'est vrai. Cependant ne fermez pas l'oreille
à l'allemand suisse, ne le traitez même pas légèrement, c'est
pour nous une tradition du passé, un héritage que nous tenons
à conserver. Nous ne désespérons même pas d'arriver à vous
y faire prendre goût. Convenez que ce langage énergique, bref,
ce que vous appelez en allemand „derb", est bien en accord avec
l'âpreté de nos montagnes et la rude vie que mènent ceux qui
les habitent, et surtout, je parle à des philologues, souvenez-
vous que si l'apôtre de la Germanie, le Goth Ulfilas, revenait
prêcher au milieu de nous et s'il prononçait l'oraison domini-
cale, ce serait probablement un paysan bernois dont il serait
le mieux compris.

A Genève, je n'ai pas besoin de vous le dire, nous sommes
de langue française; cela ne signifie pas que ce soit une chose
aussi généralement reconnue qu'on pourrait le croire; on ne va
pas jusqu'à nous le contester, mais souvent nos bons voisins de
France ont l'air de ne nous le concéder qu'à demi. Il nous
souvient d'avoir lu dans un journal rédigé en France que nous
écorchions la langue française en bon genevois; et à qui de
nous n'est-il pas arrivé en voyage d'essuyer la plus amère des
critiques, un compliment de ce que nous ne parlons pas mal
le français. Oui, sans doute, écrivains et savants venus de delà
le Jura, vous entendrez dans nos rues, qui sait, dans nos séances,
des locutions qui étonneront, qui froisseront même vos oreilles
accoutumées au beau parler académique; recherchez bien, vous
trouverez souvent à ces locutions une origine qui ne manque
pas d'un certain intérêt. Êtes-vous bien sûrs qu'elles ne se lisent
pas dans Amyot ou dans Calvin ou dans l'un de vos chroni-
queurs? Et nous, Genevois, rappelons-nous que la littérature
française nous est redevable de Rousseau et de Madame de
Staël, deux auteurs qui passent bien pour n'avoir pas mal écrit
le français.

L'italien règne aussi sur une partie de notre pays. C'est
peut-être celle des langues officielles qui est le moins parlée,
mais ce n'est pas celle qui nous fera le moins de plaisir à entendre; car je crois qu'on peut difficilement rester insensible à
cette musique du langage, à ce parler doux et harmonieux,

surtout quand, comme ce sera le cas pour nous, on a le privilège de l'entendre sortir d'une bouche romaine.

Enfin, comment n'aurions-nous pas admis comme langue officielle l'anglais, que l'on parle partout, en Orient et dans cette vaste république des États-Unis, avec laquelle nous avons tant de points de contact. Quoique l'anglais ne soit pas une de nos langues nationales, on l'a toujours compris et lu à Genève; quelqu'un qui était peut-être bon juge nous en faisait jadis un grief. Il est bien connu que l'empereur Napoléon I n'aimait pas les Genevois parce qu'il trouvait qu'ils parlaient trop bien anglais.

La neutralité de notre territoire, la pluralité de nos langues, voilà donc deux conditions qui me paraissent favorables à un congrès à Genève; il en existe une troisième sur laquelle il est inutile d'insister: notre position centrale en Europe qui fait que notre pays est d'un accès relativement facile. Mais j'ai hâte d'aborder diverses considérations relatives au Congrès de Genève et à l'orientalisme en général, et c'est ici que j'ai à réclamer particulièrement votre indulgence, car je sens profondément ma faiblesse et la distance considérable qui me sépare des orateurs qui m'ont précédé à cette présidence, et sur les traces desquels je voudrais être capable de marcher.

Je crois qu'un congrès d'orientalistes est particulièrement utile à Genève et peut y porter des fruits heureux. L'orientalisme est de date récente à Genève; c'est un enfant qui commence seulement à s'essayer à la marche, et tandis que dans les sciences physiques et naturelles notre ville est à juste titre fière de tous les hommes éminents auxquels elle a donné naissance, nous comptons seulement dans ce siècle quatre hommes qui aient laissé des traces dans les études orientales. D'autres villes de Suisse sont mieux partagées que nous à cet égard. Bâle, par exemple, sans remonter jusqu'aux Buxtorf et sans parler des personnalités vivantes, a sa grande Société des Missions qui fournit des travaux importants sur les langues d'Asie et d'Afrique. L'histoire de Genève, vous le savez, Messieurs, est une histoire toute religieuse, et ce qu'il peut y avoir eu en fait de travaux orientalistes, a porté uniquement sur l'interprétation de la Bible. Calvin avait senti la nécessité d'apprendre l'hébreu et, je cite ici l'un de nos honorables collègues [1]): „S'il

1) Baumgartner, *Calvin hébraïsant*, p. 62.

n'a pas été un hébraïsant spécialiste, il a su grouper les résultats de la science de son époque, en tirer tout le parti possible dans des commentaires destinés au grand public, et qui contiennent suffisamment de preuves de la valeur scientifique de leur auteur pour que nous soyons en droit d'affirmer qu'il ne s'est pas servi d'une science de seconde main, qu'il a su mettre à profit ses études, et parler en connaissance de cause".

Il fut aidé dans sa traduction de la Bible par Louis Budé, seigneur de la Motte, né à Paris, qui s'établit à Genève en 1549 et qui publia des traductions latines et françaises de plusieurs livres de l'Ancien Testament.

L'enseignement de l'hébreu avait sa place marquée parmi les études théologiques, pour lesquelles principalement Calvin fonda l'Académie de Genève. Aussi, au 16e siècle, cette Académie compta plusieurs professeurs d'hébreu qui jouirent d'une certaine notoriété: Antoine Raoul Chevalier, de Vire en Normandie, qui professa de 1559 à 1566 et publia une grammaire hébraïque. Après lui, Corneille Bonaventure Bertram, originaire de Thouars en Poitou, reçu bourgeois en 1563, qui professa à Genève et à Lausanne et écrivit une grammaire comparée de l'hébreu et de l'arabe. Au 17e siècle, citons Jean et Jacques Théodore Le Clerc et Michel Turrettini, qui professait encore au commencement du 18e siècle. Depuis lors, l'étude de l'hébreu paraît avoir été abandonnée, et pour trouver des travaux importants sur cette langue, il faut descendre jusqu'à nos jours. Je ne parlerai ici que des morts et d'une œuvre de premier ordre, la traduction de l'Ancien Testament due à M. le professeur Segond, mort il y a peu d'années, traduction qui tend de plus en plus à devenir d'un usage courant parmi les lecteurs de l'Écriture.

L'arabe a fait son apparition à Genève avec le professeur Jean Humbert, né en 1792, mort en 1851, qui fit d'abord des études théologiques. Après sa consécration au saint ministère, il prit goût aux études orientales. Il s'y livra à Gœttingue d'abord, puis à Paris, où il suivit les cours de l'illustre Sylvestre de Sacy. De retour à Genève, il prit la direction d'un institut d'éducation, et, en 1820, l'Académie de Genève le nomma professeur honoraire d'arabe. Il a laissé de nombreux travaux de divers genres: une anthologie arabe, une chrestomathie, un manuel de la langue arabe. En 1835, l'Académie des inscriptions et belles-lettres lui fit l'honneur de le nommer son correspondant.

Frédéric Soret, numismate et naturaliste, né en 1795, l'ami de Gœthe, l'habitué de la cour de Weimar, homme politique et diplomate, s'est fait un nom par sa connaissance approfondie de la numismatique orientale, sur laquelle il a écrit de nombreux mémoires qui ont fait autorité à l'époque où ils parurent, entre 1840 et 1860. Son riche médaillier, acheté par le grand-duc de Saxe-Weimar, a été donné par ce prince au Musée de Iéna.

Sortons quelque peu de l'orientalisme pur, et passons à un domaine connexe, la linguistique, la philologie indo-germanique. Ce n'est plus un théologien qui en est le représentant, c'est un homme qui commença par le métier des armes : le colonel d'artillerie Adolphe Pictet. Dans ce domaine, Messieurs, je suis heureux de pouvoir citer ce savant, que nous pouvons vraiment qualifier d'homme de premier ordre. Formé à l'école de Bopp, de Grimm, de Hagen, Pictet, après divers travaux sur la linguistique et l'esthétique, publia, entre 1859 et 1863, ce qu'on peut appeler l'œuvre de sa vie. Les deux gros volumes „Sur les origines indo-européennes ou les Aryas primitifs, essai de paléontologie linguistique", republiés en 1878, sont un ouvrage qui fit époque, quoiqu'il ait été fort dépassé depuis lors. Ils ont perdu de leur importance en vertu de la tendance qui prévaut aujourd'hui, et qui, dans une reconstruction de cette nature, ne donne plus à la preuve philologique pure la même valeur qu'autrefois, quand elle n'est pas corroborée d'autres côtés. Lorsque les premiers pionniers entreprirent de déchiffrer ce champ nouveau, on fut ébloui par les résultats auxquels ils arrivèrent, et l'on fut tenté de donner à ces résultats une infaillibilité qui se justifiait lorsqu'il s'agissait des lois du langage qui sont le domaine propre de la philologie comparée, mais qui a été fortement ébranlée dans des domaines différents, tels que l'histoire ou même la mythologie. Il n'en est pas moins vrai que le travail de Pictet a montré la voie, et qu'il a été le point de départ de nombreuses recherches. C'est sans aucun doute l'œuvre la plus marquante de l'orientalisme genevois que nous puissions citer et dont notre ville s'honore. Aussi sommes-nous heureux que les circonstances nous aient amenés à rendre à la mémoire de Pictet un hommage qui, pour avoir surgi tout naturellement, n'en est pas moins réel. A l'exemple d'un seul des Congrès qui nous ont précédés, nous avons créé une section des langues aryennes, qui est celle dans laquelle Pictet aurait parlé avec l'autorité d'un maître [1]).

Aux trois savants que j'ai cités, ajoutons quelques voyageurs, tels que Minutoli, qui visita l'Égypte, envoyé par le roi de Prusse, et qui rapporta des collections, maintenant au Musée de Berlin; avec lui Constant, qui séjourna plusieurs années en Chine, et nous aurons le bilan de l'orientalisme à Genève jusqu'aux signataires de l'invitation, auxquels nous devons ajouter deux confrères, professeurs à l'Université. Avais-je tort de vous dire que les études orientales à Genève sont encore un enfant à l'éducation duquel nous vous demandons de vous intéresser? Ce n'est guère que depuis vingt ans que nous avons vu naître à Genève, sans parler de l'hébreu, qui est le plus fortement représenté parmi nous, des travaux sur les langues de l'Inde, l'arabe, le chinois, le japonais, l'égyptien et, tout récemment, l'assyriologie; encore devons-nous sortir de notre pays pour les publier, car sauf l'hébreu et le chinois, nous ne pouvons imprimer à Genève aucune langue orientale, pas même l'arabe.

Vous comprenez, n'est-ce pas, Messieurs, pourquoi je suis heureux de voir tant d'orientalistes, et des plus éminents, affluer en si grand nombre dans notre ville. Je ne puis croire que votre passage ne laisse aucune trace, que ce concert de voix graves par leur science et leur autorité ne réveille aucun écho parmi nos compatriotes. Ce qui est certain, c'est qu'il aura été un grand encouragement pour ceux qui vous ont appelés, et dont quelques-uns viennent seulement d'entrer dans la carrière.

---

1) Je ne puis oublier ici un jeune homme, Henri Sarasin, enlevé en 1861 à l'âge de 23 ans et à l'aurore d'une carrière scientifique qui promettait d'être exceptionnellement fructueuse et brillante. Amateur passionné des études de philologie orientale, et doué d'aptitudes rares pour ce genre de recherches, Henri Sarasin n'a eu le temps de se faire connaître par aucun travail. Mais il avait rassemblé en vue de ses études une bibliothèque bien choisie, contenant entre autres des ouvrages de valeur sur le sanscrit et en général sur les langues de l'Inde et de la Perse. Sa famille en a généreusement fait don à la Bibliothèque publique de Genève, qui possède ainsi une collection importante d'ouvrages relatifs à la philologie indo-européenne.

Mais j'ose espérer que la vue de tant de maîtres de la science, les communications qu'ils vont nous faire sur leurs travaux et sur leurs méthodes, j'ose espérer que tout cela excitera dans notre jeunesse universitaire le désir de s'adonner à ces belles études, qui, comme toutes les recherches sérieuses, ont leurs mauvais moments, leurs temps de lassitude et presque de stérilité, mais qui, vous en conviendrez, sont dignes qu'on leur consacre son temps, ses facultés et sa peine, et qui ne sont jamais ingrates pour ceux qui ont su persévérer.

Je l'espère d'autant plus vivement que depuis quelques années les études orientales ont changé de caractère; il n'y a plus aujourd'hui cette scission complète entre l'orient et l'occident, et la solution de bien des problèmes dans l'histoire de notre civilisation occidentale doit être cherchée en Orient. S'il y a un fait certain qui ressort de presque chaque découverte récente, c'est que, remontez à une époque aussi reculée que vous voudrez, vous trouverez qu'entre les peuples anciens, les relations étaient beaucoup plus fréquentes et beaucoup mieux établies qu'on n'aurait pu le supposer. Vous connaissez tous cette merveilleuse trouvaille de Tell-el-Amarna, faite par des fellahs d'une manière tout à fait fortuite, il y a peu d'années, ces tablettes en caractères cunéiformes déposées dans la capitale d'un des derniers rois de la XVIIIe dynastie égyptienne. Quelle révélation ces tablettes ont été pour nous, ne serait-ce que par leur nature même! Ce sont des correspondances, des rapports, par conséquent des documents privés qui n'étaient pas destinés à être gravés sur les murs des temples en grands caractères, accompagnés de scènes de guerre ou de triomphe; ni à éblouir les yeux des spectateurs déjà étonnés de la grandeur et de la magnificence des monuments. Aussi pouvons-nous leur accorder une confiance que la prudence nous oblige souvent à refuser aux documents officiels.

Nous y voyons que la langue et l'écriture babyloniennes étaient répandues dans les villes de Syrie et de Palestine, long-temps avant que les Hébreux vinssent les occuper, que cette langue et cette écriture étaient celles des fonctionnaires du roi d'Égypte, des gouverneurs des villes sujettes des Pharaons. Or les grands conquérants de la XVIIIe dynastie, lorsqu'ils s'emparaient d'un pays, avec le but unique d'en tirer de riches tributs, ce n'étaient pas des étrangers qu'ils nommaient comme gouverneurs, c'étaient des gens du pays, en connaissant les ressources et à même de les exploiter en faveur du souverain. Et pourtant c'est eux qui écrivaient le babylonien pour l'intelligence duquel il fallait que le roi d'Égypte se procurât un interprète, un drogman, le mot y est déjà. Ainsi, l'influence de Babylone s'était déjà fait sentir à cette époque reculée au point d'imposer sa langue et son écriture. Babylone avait déjà agi sur la Syrie et la Palestine. Et si nous lisons les correspondances dans ces lettres des rois de Mésopotamie qui écrivaient aux Aménophis, quelle familiarité dans les termes, quelle bonhomie, par exemple dans ces salutations détaillées qui rappellent celles de nos jours, où l'on n'oublie personne pas même les chevaux et les chariots, et aussi dans ces négociations au sujet du mariage de leurs filles. Mais ce qui en fait l'intérêt, ce sont des demandes répétées et faites avec insistance pour des envois d'or, évidemment afin qu'on pût le faire travailler, car c'est d'Asie que les Pharaons recevaient ces beaux vases que nous voyons représentés sur les murailles des temples et dans les tombes; et cet or que demandaient les rois de Mésopotamie, d'où l'Égypte le tirait-elle? De l'intérieur de l'Afrique et de la côte de la mer Rouge.

Déjà alors l'Afrique fournissait la matière première que d'autres mettaient en œuvre. Nous connaissons une reine de la même dynastie qui envoya sur les côtes de la mer Rouge, dans le pays de Punt, que nous appelons maintenant la côte des Somalis, une expédition maritime destinée à nouer avec les gens du pays des relations commerciales, et à rapporter de l'encens en grande quantité et aussi de l'or, de l'ivoire et de l'ébène. Cet or, c'est celui que les Pharaons enverront en Mésopotamie, où l'on en fera des vases magnifiques, qui reviendront en Égypte ou qui se dirigeront du côté de la Méditerranée et passeront peut-être la mer. Nous pouvons ainsi reconstituer une chaîne assez longue partant du centre de l'Afrique pour arriver dans l'Asie antérieure et jusqu'en Grèce.

Nous en connaissons encore d'autres et l'on peut affirmer avec confiance qu'on en trouvera encore davantage. Ces découvertes, soit dit en passant, démontrent un principe fondamental qui, du reste, est vrai dans bien d'autres domaines que l'orientalisme, c'est que, pour arriver à la vérité, il faut le concours, la coopération entière de toutes les méthodes ou, si vous aimez mieux, de toutes les écoles. Je parlais il y a un instant de la preuve philologique ou littéraire pure, et je disais qu'à mon avis la confiance presque illimitée qu'elle inspirait au début avait souffert de fortes atteintes. J'en dirais autant de la preuve archéologique quand elle est isolée. Elle risque de nous conduire à des conclusions qui parlent à l'imagination sans doute, mais qui, examinées à la lumière du document écrit, ne sont plus que de la fantaisie. Pour arriver à la vérité, l'homme de cabinet doit quelquefois poser sa plume et prendre le bâton de voyage ou la pelle de l'explorateur, ou, s'il ne peut pas le faire lui-même, il doit interroger ceux qui ont tenu le bâton et manié la pelle. En revanche l'explorateur doit se souvenir qu'il y a d'autres genres de preuves que les objets qu'il fait sortir de terre, et qu'il ne doit pas trop facilement se laisser entraîner aux séduisantes théories auxquelles ses trouvailles se prêtent volontiers. Que de faits historiques importants on avait crus établis sur la découverte de poteries ou d'objets d'art, et qui trouveront une explication toute naturelle et moins ambitieuse dans les rapports des peuples entre eux, dans les relations commerciales, ou dans des accords du genre du traité de Ramsès II avec les Chétas, qui supposent que l'établissement d'un pays dans un autre n'était pas chose rare.

Il faut y renoncer, l'idée encore en vogue dans notre enfance, que les peuples anciens étaient parqués dans des territoires entourés de barrières, sans relations avec leurs contemporains, même ceux qui les touchaient de plus près, et qu'ils se développaient spontanément par leur génie propre, sans secours ou sans influence de l'extérieur, cette idée a fait son temps, nous avons changé tout cela. Il est clair que si les rapports entre nations étaient tels que nous les connaissons aujourd'hui, il a dû s'exercer une influence de l'une à l'autre; dans l'art, par exemple, une nation a pu emprunter une idée à sa voisine, et la développer ensuite d'après le génie qui lui était propre et les aptitudes qui lui étaient particulières.

En 1867, M. de Rougé présentait à l'Académie des inscriptions et belles-lettres un mémoire sur une inscription égyptienne qui raconte l'attaque de l'Égypte par des peuples de la

Méditerranée sous la XIXe dynastie. Parmi ces pleuples, il en signalait un, nommé les *Akaiousha*, et le savant académicien n'hésitait pas à y reconnaître les Achéens, les vainqueurs de Troie. L'identification de M. de Rougé fut reçue avec un grand scepticisme, on lui reprocha de ne reposer que sur une transcription philologique, mal établie, et surtout de faire intervenir les Achéens à une époque de l'histoire où l'on ne pouvait pas raisonnablement supposer leur existence.

Mais depuis lors a paru Schliemann ; depuis quelques années, nous avons vu les fouilles de Troie, de Mycène, de Tirynthe, nous avons vu apparaître toute cette époque, cette civilisation mycénienne qui, il y a vingt ans, était complètement inconnue et qui, s'étendant sur les îles de la mer Égée, en Asie Mineure, se rattache d'une manière évidente à l'Orient. Depuis que nous connaissons les hommes pour lesquels on a creusé les tombes de Mycènes où ont été trouvées des poteries de la XVIIIe dynastie égyptienne, l'idée que ce pussent être de vrais Achéens qui attaquèrent l'Égypte sous le fils de Ramsès II a pris beaucoup de vraisemblance. Ces Achéens, qui pénétrèrent en Égypte jusqu'aux portes de Memphis, virent sur leur route des monuments de tout genre et parmi eux des temples vieux déjà de près de deux mille ans. Rien de tout cela ne s'est-il gravé dans leur mémoire et n'en ont-ils rapporté dans leur patrie aucun souvenir ? Et sans aller jusqu'en Égypte, sans même sortir de nos grands musées, passons de Phidias aux statues trouvées dans les fouilles de l'Acropole, de là aux Apollons archaïques, de là aux monuments de l'île de Chypre, enfin aux bas-reliefs de Khorsabad, et nous verrons là sinon une série ininterrompue, du moins des anneaux dont il est bien difficile de ne pas faire une chaîne continue.

J'en demande pardon aux hellénistes de l'école d'Ottfried Müller, le caractère absolument autochthone de la civilisation hellénique, ce point de vue qu'il défendit avec opiniâtreté me semble avoir reçu un rude coup ; et au risque de paraître me faire l'écho de ce que l'illustre helléniste allemand appellerait les idées préconçues d'un orientaliste, je n'hésite pas à dire qu'aujourd'hui on ne peut plus séparer la Grèce de l'Orient, et que ce que nous avons à rechercher, c'est la part qui revient à l'un et à l'autre dans ce merveilleux ensemble qu'on nomme la civilisation grecque. Après tout, les amis de la Grèce n'ont point lieu de prendre ces découvertes en mauvaise part; il y a peut-être plus de génie à faire d'une statue égyptienne ou cypriote la Vénus de Milo ou l'Hermès de Praxitèle que d'être arrivé à sculpter celle du roi Chefren, et d'en être resté là pendant près de 4000 ans. Ne soyons pas plus susceptibles que les Grecs eux-mêmes. Les anciens Hellènes, si chatouilleux sur tout ce qui touchait à leur supériorité littéraire et artistique, si prompts à appeler barbares tout ce qui ne les égalait pas, ne craignaient pas d'avouer que leurs grands hommes, Solon, Pythagore, Platon, avaient été au loin s'enquérir de la sagesse des peuples étrangers, et ils ne s'offensaient pas de ce compliment que les prêtres de Saïs adressaient à Solon: Vous autres Grecs, vous n'êtes que des enfants.

La civilisation grecque, c'est nous-mêmes, car c'est le point de départ de celle sur laquelle nous vivons, et si les Grecs ont été en quelque mesure tributaires de l'Égypte et de Babylone, reconnaissons que notre parenté avec l'Orient est bien plus intime que nous ne le supposions. De l'Orient déjà nous sont venues ces croyances religieuses auxquelles un grand nombre d'entre nous attachent le plus grand prix, c'est en Orient aussi que nous devons chercher l'origine de bien des éléments de notre vie artistique, littéraire ou matérielle qui nous ont été transmis par les Grecs avec toutes les modifications qu'a su y apporter leur nature exceptionnellement douée.

Aussi ne vous étonnerez-vous pas que dans notre Congrès nous ayons, à l'exemple d'un des précédents, créé une section Grèce-Orient, section qui nous semble imposée par les découvertes récentes, et qui, nous l'espérons, sera maintenue dans les Congrès futurs: je crois du reste que les trouvailles presque quotidiennes forceront vos successeurs à la conserver. En voici la preuve.

Un savant anglais, M. Arthur Evans, communiquait il y a quelques jours à l'Association britannique réunie à Oxford la découverte d'un système d'hiéroglyphes crétois fort semblables aux hiéroglyphes appelés héthéens, hétiens, hittites, qu'on trouve en Syrie et en Asie Mineure. Encore un point de contact à étudier entre la Grèce et l'Orient, et cela me ramène aussi à ces Hétiens ou Hittites dont j'aurais voulu vous parler, ce peuple sur lequel on discute tant aujourd'hui, dont plusieurs de nos confrères, en Angleterre, en France et en Allemagne, s'efforcent de déchiffrer l'écriture et la langue, et dont l'existence et la nature soulèvent les problèmes les plus intéressants sur l'histoire de l'Asie Mineure, cette terre bénie des archéologues, qui nous réserve encore tant de surprises.

J'espère, Messieurs, que ces exemples vous auront fait comprendre ce que j'appellerai la direction actuelle de l'orientalisme, la recherche de ce qui rattache les peuples entre eux, de ce qu'ils ont de commun dans tout ce qui tient à leur civilisation. Il n'y a pas jusqu'à la Chine dans la muraille de laquelle on cherche maintenant à faire brèche et à qui l'on va demander si elle n'a pas quelque parenté éloignée avec l'ancienne Chaldée.

Cette direction nous a conduits à un résultat que nous sommes heureux de reconnaître : elle nous a obligés à nous tendre la main, elle nous a montré que nous avions un besoin impérieux les uns des autres ; l'indianiste ne peut plus être tout à fait étranger à l'hébraïsant, ni l'assyriologue au savant qui s'occupe de la Chine ou du Japon ; il nous faut à toute force faire appel aux lumières de ceux qui ont travaillé dans un champ différent du nôtre, et leur demander de venir à notre aide si nous voulons sérieusement arriver à la vérité. Et voilà, Messieurs, pourquoi j'aime les Congrès d'orientalistes ; ils sont la preuve vivante de cette solidarité qui s'est établie entre nous et qui seule nous permettra de poursuivre avec succès la route que nous nous sommes tracée, la recherche ardente, consciencieuse et désintéressée du vrai.

J'ai fini. Deux mots encore qui ont trait à l'organisation matérielle de notre Congrès. Nous avons tenu à nommer d'avance les présidents des sections, et vous comprendrez que nous nous soyons vus dans un cruel embarras. Nous nous sommes trouvés en face d'un si grand nombre d'hommes dont le savoir, l'autorité, la pratique des Congrès précédents faisaient des présidents pour ainsi dire de droit, destinés par avance à être mis à la tête de telle ou telle section, que cela revenait à choisir des chefs dans un état-major d'officiers tous de rang égal et ayant des titres aussi glorieux les uns que les autres. Nous avons fait de notre mieux ; nous avons été préoccupés surtout du désir de représenter le plus de nationalités parmi les présidents, et nous demandons aux sections de consentir à se laisser guider par le même principe dans le choix qu'elles auront à faire des vice-présidents. Je le répète, nous avons fait tout notre possible, nous vous prions de vouloir bien vous mettre dans notre position et de ne pas nous garder rancune si chacun de vous n'a pas dans les bureaux des sections la place à laquelle il pouvait légitimement prétendre.

Nous avons désiré vous offrir aussi quelques distractions qui fissent diversion aux graves préoccupations de la science. En dehors de deux réceptions officielles que nous devons à la générosité de nos autorités cantonales et municipales, qui désirent faire connaissance avec vous, nous avons pensé que nous vous conduirions à la campagne; car nous ne pouvons vous offrir que notre pays, notre nature. Cette nature, nous l'admirons tous; nous chantons avec fierté comme nos compatriotes de langue allemande: „O mein Schweizerland, o mein Heimathland, wie schön sind deine Fluren!"

Puisse le ciel nous être clément et nous faire voir cette nature sous son plus beau jour, afin que vous puissiez l'admirer avec nous. Si nos espérances devaient être trompées, si les éléments étaient impitoyables à notre égard, nous pouvons compter, n'est-ce pas, sur votre bienveillante indulgence; quant à nous, vous pouvez être certains que nous ferons tous nos efforts pour que les jours pendant lesquels vous nous honorerez de votre présence soient un temps auquel vous vous reporterez volontiers et dont vous aimerez toujours à rappeler le souvenir.

M. Maspero, membre de l'Institut, au nom du Gouvernement français,

Lord Reay, au nom de la Grande Bretagne et de l'Irlande,

M. le professeur Windisch, au nom des savants allemands,

M. le comte de Gubernatis, au nom de l'Italie,

Ahmed Zéki Bey, au nom du Khédive,

dans de spirituels et éloquents discours, apportent les vœux qu'ils forment pour le succès du Congrès et remercient Genève de son hospitalité [1].

---

1) Nous regrettons vivement de ne pouvoir donner in extenso ces discours dont le texte ne nous a pas été remis, sauf celui du comte de Gubernatis.

Discours de M. le comte de Gubernatis.

Monsieur le président,

L'ancien secrétaire général du quatrième Congrès international des orientalistes, qui a eu l'honneur de vous recevoir en 1878 à Florence, se réjouit aujourd'hui de pouvoir, au nom de ses éminents collègues italiens et au nom du Gouvernement et des Universités et sociétés scientifiques de l'Italie qu'ils représentent, vous féliciter de la brillante réunion de savants orientalistes que vous avez convoquée à Genève.

Sur le sol de la Suisse, qui n'a jamais supporté de domination étrangère, dans les temps de notre plus grande misère politique, plusieurs nobles patriotes italiens ont trouvé un asile sacré, de même que la dynastie de Savoie garde le souvenir du séjour de ses comtes et de ses ducs à Genève, où ils ont peut être appris à aimer cette liberté que, devenus rois, ils devaient donner à l'Italie. C'est peut-être aussi parce que le sang suisse coulait dans ses veines, qu'un aristocrate de la vieille roche, le comte de Cavour, devait consacrer toute sa vie à la délivrance de l'Italie du joug de l'étranger. Nous Italiens, à qui l'antique Orient n'a point fait oublier notre histoire d'hier, nous gardons encore à la Suisse un souvenir reconnaissant. Nous savons fort bien que, sans le principe pacifique de la non-intervention des puissances étrangères dans les affaires internes de l'Italie, proclamé et établi sur le sol neutre, ce qui veut dire sur le sol libre de la Suisse, dans la conférence internationale de Zurich, l'unité nationale de l'Italie n'existerait point.

Ce principe, auquel nous devons l'accomplissement de nos vœux de plusieurs siècles, nous fait apprécier tout particulièrement les avantages qu'un Congrès international réuni en Suisse offre comme point de ralliement et pour la pacification des esprits, essentielle à toute œuvre collective. Chacun de nous apporte à la science de petits détails; mais tous ces détails mis à leur place, et illuminés d'une lumière supérieure, profitent à l'esprit humain. Nous forgeons tous plus ou moins; mais de temps en temps nous sentons le besoin de sortir de notre laboratoire pour prendre l'air. Et la Suisse est bien faite pour nous en donner. Je ne parle pas seulement de cet oxygène que tous les touristes en été viennent avidement respirer en Suisse; il y a ce grand air moral qui retrempe et fortifie les âmes. Cet air, on ne le respire que sur les hauteurs et les sommets des montagnes de la Suisse, dont Jean-Jacques Rousseau avait fait de sublimes prie-Dieu. Elles peuvent aussi élever l'esprit des savants et leur faire connaître des horizons plus larges que ceux qu'ils ont l'habitude de contempler sous le microscope. Le livre quelquefois nous glace ou du moins nous stérilise un peu; il n'est donc point inutile au savant de demander de temps en temps un peu de lumière au ciel bleu, et un peu de fraîcheur à la nature vivante.

En ma qualité d'admirateur passionné de l'Inde, je n'ai point oublié non plus que les deux plus grands génies de l'Allemagne, Goethe et Humboldt, ont encouragé les recherches sur la littérature indienne par leur enthousiasme pour les beautés de la nature, dans une strophe brillante et dans une page lumineuse sur les drames de Kalidâsa.

L'hospitalité que la Suisse nous offre en ce moment est donc bienfaisante à un double titre. Elle fait du bien à nos poumons, et elle rend nos esprits plus agiles, plus prêts à planer sur les hauteurs d'où seulement on peut voir l'ensemble de notre travail intellectuel et le rendre harmonique. Rome nous a bien enseigné jadis du haut du Capitole à voir dans la science comme dans la vie l'ensemble des choses. L'accueil qu'Auguste faisait aux marchands égyptiens l'a bien prouvé. Maintenant, c'est encore l'Égypte qui nous a attirés et conviés en Suisse; et l'aimable accueil qu'on nous a fait nous montre qu'il n'y a aucun pays trop éloigné désireux de s'entendre. C'est d'ailleurs à Genève qu'a paru le grand et brillant ouvrage d'Adolphe Pictet sur les origines indo-européennes. Le savant linguiste de Gorizia, que vous avez déjà signalé comme président de la section linguistique de ce Congrès, et dont le génie a parcouru et sondé presque tout le domaine des langues, nous a préparés à l'intéressant problème de l'affinité de la race sémite et de la race aryenne. D'autres savants qui honorent le Congrès de leur présence, ont cherché dans la comparaison d'autres affinités possibles, et appelé les mille variétés de l'espèce humaine à la grande unité idéale, qui doit nous mener et à comprendre et à aimer tout ce qui existe d'humain sur la terre.

Les voyageurs suisses ont bien montré qu'aucun pays ne

leur est étranger. L'hospitalité douce et facile que les étrangers trouvent dans ce pays prouve encore qu'il n'y a pas d'étrangers pour la Suisse. Nous pourrions même avancer que si Jules César, qui essaya en vain de subjuguer les Helvètes et qui les trouva âpres et indomptables, au lieu de se présenter à la tête de ses légions armées, était venu demander aux Helvètes bon feu, bon gîte et bon accueil, il aurait écrit dans ses Commentaires que le peuple helvète est le plus fier et le plus doux du monde.

M. Naville donne lecture de plusieurs télégrammes de félicitations:

De Sa Majesté Charles Ier, Roi de Roumanie:

Étant empêché à mon grand regret d'assister en personne au Congrès des orientalistes, je m'empresse de lui transmettre au moment de l'ouverture solennelle mes chaleureuses salutations et de lui renouveler l'assurance de vif intérêt que je porte à ses travaux. En souhaitant de tout cœur que les efforts du Xe Congrès apportent de nouvelles lumières à la science, je vous prie d'être l'interprète de mes meilleurs sentiments auprès des membres réunis dans la belle et hospitalière ville de Genève.

Charles.

M. le professeur Édouard Naville.
Ragatz, le 4 septembre 1894.

De la Société suisse des juristes réunie à Bâle:

La Société suisse des juristes réunie à Bâle prie Monsieur le président de la Confédération de transmettre aux orientalistes ses vœux pour le succès du congrès qui va être inauguré.

Stoos, président.
Bâle, le 4 septembre.   Congrès des orientalistes, Genève.

De l'Université d'Agram (Croatie):

Senatus totusque Zagrabiensis Croatorum universitatis coetus, vobis praestantissimi viri qui memores quod ex oriente lux prodierit ex omnibus terrarum partibus congregati vetustissimae generis humani culturae vestigia et monumenta infesto labore indagatis fautoribusque pariter vestrorum conatuum intimo ex corde vota nostra mittimus laboresque vestros spe optima nostris prosequimur votis.   Dr. Pliveric, prorector.

M. Naville, président du Congrès international des orientalistes.

Agram, 3 septembre.

M. le président donne ensuite la parole aux savants qui désirent déposer sur le bureau des ouvrages offerts au Congrès:

M. le professeur Karabacek, de Vienne, apporte au nom de S. A. I. l'archiduc Rénier, deux volumes intitulés: *Papyrus Erzherzog Rainer (Führer durch die Ausstellung)* et *Corpus Papyrorum Raineri*, vol. I.

M. Schefer, membre de l'Institut, offre la collection complète des travaux publiés par l'École des langues orientales vivantes.

M. le professeur Sachau, de Berlin, au nom de la famille du regretté professeur Dillmann, présente le dernier ouvrage de l'éminent orientaliste.

M. le professeur Bühler, de Vienne, au nom du Mahárâja de Kashmir, apporte quatre exemplaires du Catalogue de la collection des manuscrits sanscrits de Jammu.

M. Dufour-Vernes, au nom de la Société d'histoire et d'archéologie de Genève, offre aux membres du Congrès la liste des travaux relatifs à l'Orient communiqués à cette Société depuis sa fondation.

M. le professeur Bevan, au nom de l'Université de Cambridge, fait hommage de vingt-sept volumes publiés par des orientalistes anglais.

M. le professeur Kuhn, de Munich, présente un spécimen de l'*Orientalische Bibliographie*, qui sera distribué dans toutes les sections, et demande l'appui du Congrès pour cette importante publication.

M. Richard, se faisant l'interprète des sentiments de l'assistance, remercie les orateurs et les donateurs pour les marques précieuses de sympathie qu'ils viennent de donner à la ville de Genève et au Xᵉ Congrès.

Sur la proposition qui est faite par lord Reay au nom de la Société asiatique de Londres, il est nommé une Commission de transcription composée de MM. Socin, Barbier de Meynard, de Goeje, Plunkett, Lyon, Bühler, Senart, Windisch, de Saussure.

M. Bénédite demande que le Congrès proteste contre la destruction qui menace les monuments de Philæ. Cette proposition est renvoyée à la Commission consultative qui rapportera dans la séance de clôture.

Le président du Congrès annonce que, contrairement à l'indication contenue dans la liste des membres, la VIIe section sera présidée par M. le professeur Vambéry.

Sur la proposition du président, la Commission consultative est composée de MM. Naville, d'Orelli, Schefer, Donner, Burgess, de Gubernatis, Kiamil Bey, Weber, Bühler, Tiele, Esov, Almkvist.

La séance est levée à midi.

SÉANCES DES SECTIONS.

SECTION I.

INDE.

Séance du mardi 4 septembre, à 8 heures et demie.

Présidence de lord Reay, président.

Le bureau de la section a été constitué comme suit:
Président: Lord Reay.
Vice-présidents: M. Albrecht Weber.
                M. Georg Bühler.
Secrétaires: M. Louis Finot.
             M. Godefroy de Blonay.
             M. A. V. Williams Jackson.

M. Senart présente les fac-simile de plusieurs inscriptions trouvées dans les environs de Peshawer et envoyées en Europe par le major Dean. Quelques-unes sont écrites dans un alphabet inconnu jusqu'ici, et sur lequel M. Senart appelle l'attention des indianistes.

M. Leumann présente un tirage à part de l'*Indian Antiquary*, contenant un travail posthume de M. J. Klatt, revu et publié par lui, et annonce une communication ultérieure sur la littérature de l'Avaçyaka.

M. Weber rappelle en termes émus la mort prématurée du professeur Whitney et fait l'éloge des éminentes qualités de cet illustre indianiste.

M. le président s'associe aux regrets exprimés par M. Weber et propose d'envoyer à Madame Whitney les respectueuses condoléances de l'assemblée. Cette proposition est adoptée à l'unanimité.

M. A. V. W. Jackson fait une communication sur la doctrine de la psychostasie après la mort, telle qu'elle est exposée dans l'Avesta et les Écritures pehlvies, et montre par un passage du Çatapatha Brâhmaṇa que cette conception est aussi bien indoue qu'iranienne.

M. Bhownaggree demande, au nom de M. Kama, que la section s'occupe de la méthode d'examen employée à l'Université de Bombay. Sur la proposition de M. Bühler, M. le président désigne une commission composée de sir Raymond West, de MM. Senart et Bühler.

M. Bendall lit un mémoire sur quelques inscriptions trouvées récemment par le Dr. L.-C. Waddell à Bihar. Elles sont importantes parce qu'elles sont écrites en un caractère spécial, en forme de pointes de flèche, et rédigées dans une espèce de pali littéraire, et qu'elles contiennent des extraits du Tripitaka. M. Bendall pense que ces inscriptions datent du VIIIe au Xe siècle après J.-C.

Séance du mercredi 5 septembre, à 9 heures et demie.

Présidence de M. Weber, vice-président.

M. Oldenberg fait une communication sur la religion védique, et s'applique à distinguer les éléments du Véda en mythiques, populaires, indo-européens, indo-iraniens et indiens. Il caractérise Varuṇa comme étant primitivement un dieu lunaire.

M. Pischel fait des réserves sur quelques-unes des conclusions de l'orateur.

M. von Schroeder fait une importante communication sur le Kâṭhaka, ses manuscrits, son système d'accentuation et ses rapports avec les ouvrages des grammairiens et lexicographes indiens. Il signale tout spécialement le manuscrit découvert par le Dr. Stein aux Indes et un autre de la Bibliothèque de Berlin.

MM. Weber, Windisch, Bühler et Leumann présentent quelques observations.

M. Bühler présente deux ouvrages imprimés aux Indes :

M. A. Stein, *Catalogue of Sanskrit Manuscripts of his Highness the Maharaja of Kashmir and Jammu*.

M. Pandit Sivadatta, *Sriharsha's Naishadhíyacharita with the Commentary of Narâyana*.

M. Deussen présente le premier volume d'une histoire générale de la philosophie, spécialement consacré à la philosophie indienne. Il signale l'importance des religions de l'Inde pour l'histoire de la philosophie.

M. Garbe signale la nécessité de tenir compte de la tradition orale des pandits.

La séance est levée à midi.

Séance du jeudi 6 septembre, à 10 heures.

Présidence de M. Bühler, vice-président.

M. Leumann fait une communication sur la portion du canon jaina nommée *Avaçyaka*, et spécialement sur les deux premières parties de l'Avaçyaka: le *Samâyika*, formule de confession en prose, et le *Caturvinçatîstava*, hymne aux vingt-quatre prophètes. Il présente le fac-simile d'un manuscrit qu'il est sur le point de publier.

M. Weber fait ressortir l'antiquité et l'importance du Samâyika.

M. Bühler félicite M. Leumann et souhaite le succès de son entreprise.

M. Pfungst combat l'idée soutenue par quelques personnes incompétentes touchant l'existence d'un bouddhisme ésotérique. MM. Kuhn, Weber, Leumann et Bühler présentent des observations à l'appui.

La seconde partie de la séance est présidée par lord Reay.

M. le comte Pullé présente un spécimen du Catalogue des manuscrits jainas de la Bibliothèque nationale de Florence et explique le plan adopté pour cette publication.

M. Bendall lit une communication de M. Herbert Baynes sur un manuscrit bouddhiste birman, qu'il met sous les yeux de la section.

Séance du vendredi 7 septembre, à 1 heure et demie.

Présidence de lord Reay, président.

M. Bhownaggree présente trois communications: au nom de MM. J. N. Unvala (sur le zoroastrianisme), J. J. Kaniá (sur les écoles philosophiques de l'Inde), Shaikh Mohamed Isfahâni (sur le soufisme).

Il offre au Congrès un volume d'inscriptions sanscrites et prakrites, publié sous les auspices du Mahârâja de Bhownagar.

Il termine en donnant lecture d'un travail de M. S. D. Bharucha sur le Persan Desatir.

M. Casartelli lit une note sur le suffixe pehlvi communément transcrit par *man*, et formule quelques réflexions sur cette transcription.

M. Kirste fait quelques observations.

Sir Raymond West présente le rapport de la commission nommée pour examiner la lettre de M. Kama, relative à l'enseignement de l'Université de Bombay. Conformément aux conclusions de ce rapport, appuyées par M. le président, la section, considérant qu'il ne lui appartient pas de s'ingérer dans le régime intérieur de cet établissement, se borne à exprimer le vœu que l'Université trouve un moyen pratique d'organiser l'enseignement du zend, enseignement dont elle possède tous les éléments.

M. Feer fait une communication sur le personnage nommé par Hiuen Tsang *Sou-ta-na* (skr. *Stana*), et l'identifie avec le *Vessantara* du canon pali (skr. *Vaiçyántara*), transformé par les bouddhistes du nord en *Viçvántara*.

Des observations sont présentées par MM. Weber et Sylvain Lévi.

M. Kirste lit un travail sur le Dhâtupâtha de Hemacandra. Des observations sont présentées par MM. Bühler et Weber.

M. le comte Pullé analyse un travail de M. Pavolini sur l'histoire des seize rois dans les livres VII et XII du Mahâbhârata.

M. Pullé présente son mémoire, dont il a donné lecture hier, sur les manuscrits extra-Siddhânta de la Bibliothèque de Florence, et qui se termine par la proposition, votée par acclamation, de féliciter M. le professeur Weber de l'achèvement de son catalogue des manuscrits de Berlin.

M. Bühler recommande l'adoption d'une résolution présentée par M. Grierson, touchant la conservation des inscriptions d'Açoka et leur reproduction au moyen de moulages.

Cette résolution est ainsi conçue:

Que l'administration du Musée Indien de Calcutta sera remerciée, au nom du Congrès, des efforts qu'elle fait pour la préparation des moulages des inscriptions d'Açoka; et que le gouvernement de l'Inde et les gouvernements qui en dépendent seront priés, au nom du Congrès, d'adopter les mesures de préservation et de reproduction de ces monuments proposées par la dite administration.

Des observations à l'appui sont présentées par MM. Weber, Burgess, Senart, Bhownaggree et lord Reay.

La résolution est votée à l'unanimité.

Séance du samedi 8 septembre, à 9 heures et demie.

Présidence de M. Weber, vice-président.

M. le comte de Gubernatis étudie l'influence de la tradition indienne sur la représentation de l'enfer dans la Divine Comédie et dans les fresques du Campo Santo de Pise.

Des observations sont présentées par MM. Kuhn et Gustave Oppert.

MM. Burgess fait quelques réflexions sur le système qu'il conviendrait d'adopter pour la transcription des alphabets orientaux; il combat l'abus des signes diacritiques et l'usage de caractères autres que ceux de l'alphabet latin.

MM. Bühler, Weber et Senart expriment leurs vues sur le même sujet.

M. Müller-Hess fait une communication sur le Thera et le Therî-Apâdâna.

M. Pullé fait connaître une traduction inédite du Meghadûta par feu le professeur G. Flecchia.

M. Jacobi fait une communication sur la théorie des *yuga* et son influence sur le calendrier indien.

M. de la Vallée Poussin communique une note sur

le Pancakrama et présente les épreuves d'une édition de cet ouvrage.

La séance est levée à 11 heures et demie.

Séance du lundi 10 septembre, à 1 heure et demie.

Présidence de M. Kuhn.

M. Ter-Movsessiantz donne des détails sur la rédaction d'un catalogue des manuscrits arméniens entrepris par les Méchitaristes de Vienne. Il présente les fascicules déjà parus.

M. Lévi fait une communication sur les poèmes de Harsha Çilâdîtya, reconstitués d'après une transcription chinoise contenue dans le Tripitaka bouddhique.

L'orateur propose une nouvelle interprétation pour un nom de peuple mentionné par Hiouen Tsang.

En l'absence de MM. Rapson, Temple et Huth, M. Oldenberg veut bien donner à la section un bref compte-rendu d'une communication de M. Victor Henry, contenant une interprétation nouvelle d'un vers de l'Atharva-Véda.

La séance continue sous la présidence de M. le professeur Weber.

M. Huth donne des détails sur une traduction tibétaine du Meghadûta.

M. Bühler présente quelques observations.

M. Leumann propose un vote de remerciements pour nos collègues de Ceylan; la proposition est adoptée à l'unanimité.

M. Regnaud dépose son ouvrage intitulé *Les premières formes de la religion et de la tradition dans l'Inde et la Grèce,* dont il fait hommage au Congrès.

Séance du mardi 11 septembre, à 9 heures et demie.

Présidence de M. Weber, vice-président.

M. G. Oppert présente le *Kannada-english dictionary* de M. le Rev. F. Kittel, publié à Mangalore en 1894. Il fait ressortir l'importance de cet ouvrage.

MM. Bühler et Weber ajoutent quelques remarques.

M. Jolly entretient la section d'un manuscrit du Haritasûtra, jusqu'ici inconnu, que M. Bühler a signalé cette année.

M. Bühler donne des détails sur cette découverte, dont il mentionne une partie philosophique importante.

Puis l'orateur fait une communication sur le Mantrapatha, dont l'éditeur, M. Winternitz, a envoyé les premières feuilles au Congrès.

M. Leumann présente quelques observations.

M. Weber lève la séance.

M. Ludwig adresse à MM. les présidents de la section les remerciements des membres pour l'activité qu'ils ont déployée durant le Congrès.

SECTION I^{bis}.

LANGUES ARIENNES.

Séance du mardi 4 Septembre, à 1 heure et demie.

Présidence de M. Ascoli, président.

Le bureau de la section a été constitué comme suit:
Président: M. Graziadio Ascoli.
Vice-présidents: M. Michel Bréal.
M. Johannes Schmidt.
Secrétaires: M. Jacob Wackernagel.
M. Louis Duvau.

M. Ascoli, en prenant place au fauteuil, prononce une allocution.

Avant que la séance préparatoire ne soit levée, M. Bréal et M. Weber demandent à rappeler deux pertes sensibles que les études dont s'occupe la section viennent d'éprouver: en Suisse par la mort de Schweizer-Sidler, en Amérique par celle de William D. Whitney. Les discours de M. Bréal et de M. Weber n'ont malheureusement pu être conservés à nos Actes, vu l'absence à ce moment d'un secrétaire en fonctions; mais la section décide qu'un voeu sera présenté au Congrès pour faire parvenir aux familles des deux regrettés savants une adresse de sympathie et de souvenir. [1])

---

1) Cette adresse a été envoyée dès après la clôture de la session, par M. le président du Congrès, déférant au voeu de la section.

Séance du mercredi 5 septembre, à 1 heure et demie.

Présidence de M. Bréal, vice-président.

M. Johannes Schmidt donne lecture d'un travail sur *r*, *l*, *m*, *n* syllabiques, dont il conteste l'existence dans la langue mère indo-européenne. Les différences qui existent au point de vue physiologique entre *i*, *u*, d'une part, et *r*, *l*, *m*, *n*, d'autre part, s'opposent à ce que l'on conclue du traitement de *ei*, *eu* en syllabe atone, au traitement de *er*, *el*, *em*, *en*. De plus, il y a des mots qui prouvent: 1° Que ce qu'on appelle l'*r* *voyelle* en indien consistait encore, dans l'existence propre du sanscrit, en une voyelle + *r*. 2° Que, dans les positions où *e* disparaît entre consonnes et consonnes doubles, *en* + *consonne* n'est pas devenu nasale syllabique, mais *nasale consonantique* + *consonne* Donc, dans les positions qui conservent *e* entre consonne et doubles consonnes et changent *en* en sanscrit *a*, grec *α*, etc., ces *a* sanscrit, *α* grec, etc. ne reposent pas sur *n̥*, mais sur *'n*. Pour ces raisons, M. Schmidt considère comme nécessaire d'admettre *'r*, *'l*, *'m*, *'n* à la place de *r̥*, *l̥*, *m̥*, *n̥* dans la langue mère indo-européenne.

M. Thurneysen présente quelques observations, particulièrement à propos de la racine sanscrite *hiṃs*, que M. Schmidt tire d'un primitif *ghighns*.

Séance du vendredi 7 septembre, à 9 heures.

Présidence de M. Ascoli, président.

M. Leumann revient sur la communication faite par M. Schmidt dans la séance du 5 septembre, en particulier à propos des formes indiennes *irte*, *dṛḍha*. Généralisant la question, il étudie les différentes prononciations possibles d'une liquide, suivant sa position dans le mot. M. Grammont présente quelques observations à ce sujet.

M. Wackernagel indique qu'il est difficile d'admettre avec M. Schmidt la persistance de la sifflante sonore dans la langue védique.

Des observations de détail sont présentées par M. Oldenberg. M. Ascoli rappelle en quoi ses propres théories se rapprochent de celle de M. Schmidt.

M. Schmidt répond en quelques mots aux objections qui lui ont été adressées et maintient ses conclusions.

M. Leumann fait ensuite une communication ayant pour titre *Linguistisches aus dem Veda*.

Les faits signalés par M. Leumann sont d'abord des constatations de détail, comme celle se rapportant au mot *klomdu* „poumon", qui partout dans les lexiques européens est donné avec une accentuation erronée *klóman*.

M. Leumann démontre ensuite que Pāṇini a raison lorsqu'il constate que la racine *khid* forme dans le Véda le parfait *cakhéda*. Ce fait prouve l'identité originelle des racines *khid* „presser" et *khad* „manger": *khid* est formé (comme *sidá* &c.) d'après la sixième classe, qui jette l'accent sur l'*a* thématique, en raccourcissant la voyelle radicale. On ne s'est pas encore demandé pourquoi la même racine forme son présent tantôt sur la première classe (*khádati*), tantôt sur la sixième (*khidáti*). Justement la racine *khad-khid* donne l'explication de cette dualité: *khádati*, en général, n'est pas combiné avec des préfixes, tandis que *khidáti* ne se trouve pas isolé. Ainsi nous avons:

khádati en face de prá / khidáti.
à

La même correspondance se retrouve entre:

tárati et prá / tiráti.
áva

et dans beaucoup d'autres racines.

Il suit de là que l'accent des présents du sixième type était d'abord un *accent secondaire* et ne devenait un accent primaire ou régulier que lorsque le préfixe était laissé de côté. Les phases de développement seraient:

khádati	*prá-khadáti > prá-khidáti, khidáti khidáti.
tárati	*pra-taráti > prá-tiráti, tiráti tiráti.
&c.	&c. &c.

Il y a là un phénomène *d'équilibre tonique ou rythmique*: la langue n'aime pas à accentuer deux syllabes consécutives, elle préfère le rythme iambique ou trochaïque [´ . ´ ou ´ . ´ au lieu de ´ ´ . ou ´ ´ .]

L'explication donnée rencontre deux vérifications remarquables:

l'accentuation des mots en *ya*, et l'accent de la Maitrâyanî-Samhitâ, désigné dans ce texte par le chiffre 3.

Mots se terminant en *ya*. — Le Yajur-Veda, dans un de ses chapitres, en présente plus d'une centaine. Il y a là les types suivants:

kúpya   ávatya

khálya, etc.   pravâhya, etc.

Les disyllabes ont tous rejeté l'accent en arrière, les polysyllabes l'ont gardé sur la semi-voyelle *y*. Apparemment, la première syllabe des polysyllabes jouissait *d'un accent rythmique secondaire* (àvatya pràvàhya &c.) qui s'opposait à ce que la syllabe contiguë (précédant *ya*) prît l'accent.

Accentuation de la Maitrâyanî-Samhitâ. — L'on sait que le svarita primaire (jâtya), c'est-à-dire l'accent sur *y* et *v*, est traité de deux manières dans ce texte:

1º L'accent reste sur la semi-voyelle (*y* ou *v*) si c'est une atone qui suit.

2º Il est rejeté en arrière si c'est une syllabe accentuée qui suit. L'accent rejeté en arrière est désigné par le chiffre 3.

Jusqu'à présent on n'a pas encore remarqué que le chiffre 3 constitue un véritable accent. L'éditeur de la Maitrâyanî-Samhitâ a pris ce chiffre pour un simple signe indicatif (indiquant selon lui que la semi-voyelle suivante porte un svarita jâtya qui n'est pas désigné de la manière ordinaire parce qu'une syllabe accentuée suit). Cette supposition a été pernicieuse pour l'édition; car elle a eu l'effet que l'éditeur insérait le chiffre dans quantité de cas où les manuscrits ne le présentent pas. Quels sont ces cas au juste? D'abord environ deux cents passages qui manquent de chiffre dans les manuscrits, *vu que la syllabe* qui devrait être chiffrée *porte déjà un accent*. Ensuite, dix à vingt passages dans lesquels le chiffre est omis dans les manuscrits *parce qu'il n'y a pas de syllabe qui pourrait le prendre*; c'est ce qui arrive régulièrement au commencement d'un vers ou d'une section prosaïque. Si par exemple un vers commence par

vy ántar . . . . .

le svarita jâtya appartenant à vy (vý) disparaît tout simplement parce qu'il n'y a rien qui précède. C'est *jeter un accent en plein ciel* que d'imprimer, dans un cas comme celui-là,

3 vy ántar . . . . .

Il suit de là que le chiffre 3 est un *accent véritable*; et en même temps nous voyons que la langue cherche à obtenir un *rythme iambique ou trochaïque*, puisqu'elle ne rejette l'accent en arrière que s'il y a une syllabe accentuée qui suit immédiatement: *abhy apsú* n'est pas changé, mais *abhy ántar* devient *aȝbhy ántar* (c'est-à-dire *ábhy ántar*).

On peut ajouter que l'accentuation de la Maitrāyaṇī-Saṃhitā conçue de la manière exposée, prouve aussi la justesse des résultats obtenus, il y a quelques années, pour l'accentuation du Çatapathabrāhmaṇa. On voit aisément que le processus qui commence à se faire remarquer dans le texte antérieur (c'est-à-dire dans la Maitrayaṇī Saṃhita) est généralisé dans le texte postérieur (Çatapathabrāhmaṇa). Dans le Çatapathabrāhmaṇa, *tout* svarita jatya est rejeté en arrière; nous avons aussi bien *ábhy apsú* que *ábhy ántar*.

M. Meillet communique un travail intitulé *Traitement de la nasale finale indo-européenne en sanscrit*, d'où il résulte que la nasale finale indo-européenne qui apparait en sanscrit sous la forme *m* devant voyelle, a été à une époque ancienne uniformément *n*.

M. Bréal traite de quelques divinités italiques. Un certain nombre d'arguments tendent à prouver que les noms des divinités latines *Mars* et *Minerva* sont d'origine étrusque. De même, quelques noms d'origine grecque, comme *Cocles*, *Proserpina*, n'ont passé en latin qu'après avoir été déformés dans la bouche des Étrusques.

M. le comte de Gubernatis fait quelques réserves au sujet de la date relativement récente attribuée par M. Bréal à ces emprunts.

Des observations de détail sont présentées par MM. Grammont et Duvau. M. Wackernagel insiste sur la portée générale des théories de M. Bréal. M. Thurneysen est d'accord avec M. Bréal sur le caractère non indo-européen de l'étrusque.

La séance est levée à 11 heures et demie.

Séance du samedi 8 septembre, à 1 heure et demie.

Présidence de M. Ascoli, président.

M. de Saussure fait une communication sur l'accentuation de la langue lituanienne. Le siège de l'accent a été constamment déplacé d'une syllabe quand l'accent reposait sur une syllabe douce (dite par Kurschat „geschliffen"), elle-même suivie d'une syllabe rude („gestossen"), et l'accent s'est porté dans ce cas sur la syllabe rude. On peut formuler la loi: „Douce tonique + rude atone donne Douce atone + rude tonique". Tous les schémas, jusqu'à présent fantastiques, de la déclinaison et de la conjugaison deviennent par là soudainement simples. M. de Saussure en fait la démonstration sur la déclinaison de *galė*, comportant quatre paradigmes toniques, dont il ramène toutes les formes à deux paradigmes, l'un mobile, l'autre immobile.

M. Meillet constate que cette loi, dont M. de Saussure lui avait précédemment fait part, trouve très probablement aussi son application en slave, et la considère en conséquence comme slavo-lette par sa date.

Séance du lundi 10 septembre, à 9 heures.

Présidence de M. Bréal, vice-président.

M. Ascoli donne lecture d'un mémoire intitulé *Observations phonologiques concernant le celtique et le néo-latin*. Dans la première série, il étudie le traitement du groupe initial *st* en celtique et en particulier en irlandais. Il montre que *st* initial aboutit à *s* et non à *t*, et explique de façon différente les faits qui avaient semblé jusqu'ici contredire à cette règle.

La seconde série concerne le traitement des suffixes latins en *-ulo*, *-ula*, dans les langues romanes. M. Ascoli montre que les différentes formes néo-latines permettent d'admettre qu'un mot comme *populo* pouvait avoir les trois prononciations *populo*, *pop-lo*, et *po-plo*, et que ces trois prononciations se reflètent dans des doublets existant dans les mêmes régions.

M. Ascoli termine par une conclusion générale: on peut, grâce à la connaissance assez complète que nous avons du latin et du roman, préciser exactement la cause de déviations apparentes; mais quand il s'agit de comparer des langues fort éloignées l'une de l'autre, il reste une part d'inconnu qui doit rendre les linguistes fort prudents et les éloigner des affirmations absolues.

M. Bréal appuie ces conclusions; il fait ensuite, ainsi que M. Thurneysen, quelques observations de détail.

Une discussion à laquelle prennent part, en outre, MM. Grammont, Regnaud et de Saussure, s'engage ensuite sur la régularité des changements phonétiques.

M. Wackernagel fait une communication intitulée *Remarques sur la place du sanscrit dans la linguistique moderne.*

Tandis qu'autrefois on voyait dans le sanscrit la source la plus importante pour la linguistique indo-européenne, et que souvent même on n'établissait pas une distinction bien nette entre *sanscrit* et *langue mère indo-européenne*, aujourd'hui le sanscrit est plus négligé par les linguistes.

Ce changement s'explique en partie par la préférence bien justifiée que l'on accorde aux langues vivantes sur les langues mortes. Mais le sanscrit est resté vivant jusqu'à nos jours dans les classes élevées. Et aujourd'hui que l'attention a commencé à se porter sur les variétés sociales du langage, le domaine linguistique indien est particulièrement instructif à ce point de vue, puisque dans l'Inde les différentes classes sociales, bien que vivant côte à côte dans les mêmes lieux, se distinguent par le langage. Ceux qui connaissent l'Inde pourraient apporter à la linguistique de précieuses contributions en fournissant des renseignements précis à ce sujet. Cette bigarrure linguistique est fort ancienne. A l'époque de Panini, le théoricien de la langue brahmanique, existait non seulement la forme ancienne du moyen indien, telle que les édits d'Açoka nous la font connaître, mais aussi la forme plus récente du prâcrit postérieur, comme le prouve la forme *maireya-* (nom d'une boisson enivrante) citée par Panini, et qui vient de **madireya-*, avec chute du *d*. La langue des Brâhmaṇas et des Saṃhitâs contient déjà des prâkritismes: aux exemples connus, on peut ajouter *lajjate* "avoir honte" de **rajyate* "rougir" (d'après Leumann), *ujjhâmi* "abandonne" de *avajahâmi*, etc.

Une seconde raison de la place moins importante attribuée au sanscrit est que l'on conteste son antiquité. Il est vrai que les travaux parus depuis une vingtaine d'années ont relevé beaucoup d'innovations linguistiques propres au sanscrit. Mais toujours est-il que la haute antiquité de ses textes permet de supposer qu'il est beaucoup plus rapproché de la langue mère que les autres idiomes indo-européens. Et il reste encore beaucoup à trouver: des particularités qui paraissent d'abord tout à fait étranges jettent souvent un jour surprenant sur des phénomènes des langues congénères. C'est ainsi que *sa ced* „quand" permet d'expliquer le grec ὅτε.

A l'abandon dans lequel on tend à laisser le sanscrit se lie la mésestime qui atteint les grammairiens indiens, dont les théories avaient au contraire la plus grande autorité aux yeux des fondateurs de la grammaire comparée. Sans doute, on ne peut s'en tenir toujours à leur manière d'envisager les faits grammaticaux, mais on ne peut mettre en doute l'exactitude de leurs indications. Pour beaucoup des formations qu'ils enseignent, et que l'on a signalées comme improbables et comme inventées par eux, on peut démontrer qu'elles ne sont nullement en contradiction avec les habitudes de la langue. On n'a pas le droit d'exiger pour toutes les règles des exemples attestés par la littérature. Beaucoup de monuments sont perdus pour nous; de plus Paṇini décrit aussi un certain nombre de faits grammaticaux qui n'appartiennent qu'au langage parlé; qu'on songe, par exemple, aux règles concernant la *pluti*, et celle d'après laquelle le *t* de *putradina* „qui dévore son fils", se prononce différemment suivant que le mot est ou non une injure.

Le discrédit relatif dans lequel est tombé le sanscrit nuit à la fois aux études indiennes et aux études linguistiques.

M. Regnaud fait une communication intitulée *Exposé succinct des lois qui ont présidé aux modifications des explosives initiales dans les anciens dialectes germaniques.*

L'auteur a pour but de démontrer:

1° Que les rapports phonétiques sur lesquels est fondée la loi dite de première substitution des consonnes résultent des modifications indépendantes qu'ont subies les explosives, d'une part dans le domaine proto-germanique, de l'autre dans les branches différentes de la souche indo-européenne, à partir de la séparation des races.

2° Que les rapports phonétiques sur lesquels est fondée la loi dite de seconde substitution des consonnes, résultent des modifications indépendantes qu'ont subies les explosives dans chaque dialecte germanique, à partir de la formation de ces dialectes.

Il est donné communication à la section d'un mémoire de M. Wilhelm sur la métrique de l'Avesta.

M. Ascoli présente un travail imprimé de M. le professeur Giacomino, de Milan: *Delle relazioni fra il Ilasco e l'Egisio*. Tout en réservant son jugement sur l'ensemble du travail, M. Ascoli signale comme particulièrement réussie l'analyse faite par l'auteur de la grammaire basque.

L'ordre du jour étant épuisé, M. le président déclare la session close.

La séance est levée à une heure moins un quart.

SECTION II.

LANGUES SÉMITIQUES.

Séance du mardi 3 septembre, à 3 heures et demie.

Die Sitzung wird eröffnet durch den Präsidenten der Section, Herrn Professor E. Kautzsch, und auf seinen Vorschlag werden ernannt:

zu Vice-präsidenten: die Herren Professoren

Jules Oppert.

C. P. Tiele.

Herman Almkvist

zu Secretären: die Herren Professoren

A. A. Bevan.

Karl Marti.

Für die Geschäftsordnung der Sitzungen wird wegen der grossen Zahl der angemeldeten Arbeiten beschlossen, dass für den einzelnen Vortrag nur 20 Minuten und für ein Votum nur 5 Minuten Zeit eingeräumt werden sollen.

Herr Dr. Bullinger überreicht im Namen des Comités der „Trinitarian Bible Society" von London ein Exemplar der neuen Ausgabe des Alten Testaments von Dr. Christian Ginsburg.

Der Präsident macht die Anzeige, dass Mittwoch Morgen um 8 Uhr eine Versammlung der Palæstinafreunde abgehalten werde, zu welcher alle diejenigen eingeladen seien, die sich für die Erforschung des heiligen Landes interessieren.

Herr Prof. Budde überreicht die von ihm veranstaltete Sammlung und Uebersetzung von *Abhandlungen zur biblischen Wissenschaft* von Dr. Abraham Kuenen (Freiburg i. B., Mohr, 1894), und teilt seine *Emendationen zu dem Texte von drei Stellen (Num. 21, 16 ff.; 10, 35 f. u. Jud. 5, 8) in den historischen Volksliedern des Alten Testamentes* mit.

In der Discussion, welche von den Herren D. H. Müller, Stade, Halévy und Bickell benützt wird, findet Vortragende teils starken Widerspruch, teils energische Unterstützung, mit Recht aber kann der Vorsitzende als die Ansicht der Mehrzahl der Anwesenden constatieren, dass es Pflicht sei, bei verdorbenen Stellen nach einer Verbesserung des Textes zu streben, dass aber erst dann eine Conjectur Aufnahme in den Text verdiene, wenn sie über jeden Zweifel erhaben sei.

Séance du mercredi 5 septembre, à 9 heures.

Der Vorsitzende Prof. Kautzsch teilt mit, dass Herr Oscar Braun durch Krankheit am Erscheinen verhindert sei, dagegen aber einen Teil seines Manuscriptes über den angekündigten Vortrag (*Six lettres du célèbre Bar Samma de Nisibis, écrites vers l'an 485, extraites du Synodicon nestorien signalé par le professeur Guidi au Congrès de Stockholm*) eingesandt habe.

Herr Prof. Nestle überreicht den letzten im Buchhandel nicht erhältlichen Bogen von de Lagarde's *Bibliotheca Syriaca*, und Herr Prof. Delitzsch die erste Lieferung seines *Assyrischen Handwörterbuches*. Diese Geschenke werden, wie die am vorigen Tage überreichten, von dem Vorsitzenden verdankt.

Zur Geschäftsordnung wird auf Antrag von Herrn Prof. Stade beschlossen, dass ein Votant in der Discussion nur zweimal zur gleichen Sache das Wort erhalten soll.

Herr Prof. Bruston erhält das Wort zu seiner Mitteilung

über *Un ancien drame sémitique*. Er verteidigt die von Anderen
und von ihm selber schon früher vertretene Ansicht, dass im
Hohen Liede des Alten Testaments ein wirkliches Drama vor-
liege, indem er die Gründe auseinandersetzt, warum er die
Braut im dritten Aufzug (Kap. 3, 6—5,1) als verschieden
von der Geliebten des ersten und zweiten Aufzugs auffasst. In
der darauffolgenden Discussion verfechten die Herren Stade,
Kautzsch und Budde im allgemeinen die Ansicht, die
Wetzstein in dem Artikel *Die syrische Dreschtafel* (Bastian's
Zeitschrift für Ethnologie, 1873, S. 270 ff.) nahegelegt und
neuerdings Budde ausführlicher in *The New World*, 1894,
S. 56 ff. vertreten hat, nach der im Hohen Liede vielmehr
eine Sammlung von Hochzeitsliedern zu sehen ist. Auf Seite
des Vortragenden tritt Prof. D. H. Müller, mehr oder we-
niger auch Lic. Karl Bernoulli, der die Auffassung seines
Lehrers Prof. Duhm in Basel auseinander setzt. Ueber Einzel-
heiten sprechen Prof. Hommel und Grossrabbiner Simonsen, während Prof. Bickell durch neue Erklärung einer Stelle
die Ansicht Bruston's zu widerlegen sucht, die genauere Aus-
führung seiner Darlegung aber auf eine folgende Sitzung ver-
schieben muss.

In genauer und interessanter Weise referiert hierauf Mrs.
Lewis über die zwei von ihr im Sinai-kloster entdeckten „Pa-
lestinian Syriac Lectionaries", woran die Herren Land und
Nestle einige Bemerkungen knüpfen, der erstere über einige
Stücke seiner *Anecdota Syriaca*, der letztere über Schwally's
Idioticon des christlich-palestinischen Aramæisch.

Herr Boissier macht kurze Mitteilungen über in Kap-
padocien aufgefundene Inschriften.

Herr Prof. Haupt spricht über den keilinschriftlichen Namen des Lazursteines, resp. über die Votivtafeln Sargon's, woran
sich eine animierte Discussion schliesst, an der sich die Herren Jules Oppert, Delitzsch, Hommel, Jensen und
Halévy beteiligen.

Ruhiger verläuft die Besprechung der sumerischen Streit-
frage, welche Herr Prof. Hommel mit seinem Vortrag über
die sumerischen Zahlwörter aufwirft, und über welche neben
ihm die Herren Halévy, J. Oppert, Haupt und Jensen
das Wort ergreifen.

Séance du jeudi 6 septembre, à 9 heures et demie.

In Abweichung von der aufgestellten Tagesordnung, welche in dieser ausserordentlichen Sitzung nicht inne zu halten war, erhält zuerst Herr Prof. Halévy das Wort zu einem Vortrag über die hittitischen Inschriften.

In ausführlichem Votum bestreitet Herr Prof. Jensen die vorgetragene Deutung und sucht seine in der Z. D. M. G. (Bd. XLVIII, S. 235 ff.) dargelegte Methode der Entzifferung zu verteidigen.

Herr Prof. Karabacek erhebt Einwände gegen die von Jensen aufgestellten epigraphischen Argumente zur Bestimmung des relativen Alters der Inschriften. Ausserdem beteiligen sich die Herren Sachau und J. Oppert an der Discussion.

Herr Prof. Bruston ersucht die anwesenden Assyriologen um Erklärung des im Buche Esther erwähnten Wortes *pûr* (פור). Die Beantwortung dieser Anfrage wird auf eine spätere Sitzung verschoben.

Hierauf spricht Herr Prof. D. H. Müller über die Stellung des Babylonisch-Assyrischen innerhalb der semitischen Sprachen. Die von ihm verteidigte These, dass im Babylonisch-Assyrischen eine frühere Stufe des späteren Aramäisch zu sehen sei, wird von keiner Seite ernstlich angefochten; die Votanten Halévy, Haupt, Jensen, Nestle und Sachau begnügen sich, die Beweiskraft einzelner Argumente zu bezweifeln und auf andere merkwürdige Erscheinungen hinzuweisen.

Séance du vendredi 7 septembre, à 1 heure et demie.

Herr Grossrabiner Simonsen berichtet über den interessanten Fund, den er mit der Entdeckung der bis dahin unbekannten Nachschrift des Correctors und der ebenso unbekannten Druckfehlerliste des Revisors der Buxtorfischen *Biblia Rabbinica* (Basel 1618—19) gemacht hat. Das in keinem bis jetzt bekannten Exemplar dieser Bibelausgabe vorhandene Stück legt Simonsen nicht nur in genauem Fac-simile, dessen Inhalt er eingehend beschreibt, vor, sondern schenkt auch jeder schweizerischen Bibliothek eine photo-lithographische Wiedergabe dieses wert-

vollen wiedergefundenen Stückes der rabbinischen Bibel von
Johann Buxtorf. Dieses Geschenk wird vom Vorsitzenden ge-
ziemend verdankt.

Der folgende Vortrag von Herrn Prof. J. Oppert hat zum
Thema die vorhistorische chaldäische Chronologie, für welche
Oppert eine uralte Aera nachweisen will. An der Discussion be-
teiligen sich die Herren Hommel, Jensen und Halévy.

Herr Prof. Haupt referiert hierauf über die Lage des bibli-
schen Paradieses, d. i. über den Ort, an welchem die biblische
Erzählung das Paradies sich dachte. Im Allgemeinen findet der
Vortragende für seine Annahme, dass das Paradies im Altertum
am persischen Meerbusen gelegen gedacht worden sei, bei den
alttestamentlichen Theologen eher Zustimmung, wenn auch
einzelne, wie Horst und Kautzsch, in dem vorliegenden
Texte des Alten Testamentes Momente finden wollen, die dieser
Annahme Schwierigkeiten zu bereiten scheinen. Unerwarteten
Widerspruch findet Haupt bei dem Aegyptologen Prof. Hess,
der dagegen Verwahrung einlegt, dass in alter Zeit die geo-
graphischen Vorstellungen so verworren gewesen seien, wie man
bei Haupt's Ansicht annehmen müsse. Die alten Aegypter
seien ein Beweis für das Gegenteil. Das Wort ergreifen noch
zu diesem Gegenstande die Herren Halévy, Hommel,
Budde, Jensen und J. Oppert.

Herr Prof. Reckendorf verliest sodann eine wohldurch-
dachte Uebersicht zur Charakteristik der semitischen Sprachen,
an welcher Prof. D. H. Müller einiges auszusetzen findet,
weil er auf andere Eigentümlichkeiten, wie den Unterschied
der transitiven und intransitiven Verbalform, grösseres Ge-
wicht legt.

Zum Schluss spricht Herr Prof. Rogers über ein neues
Manuscript der Pirqe Aboth. Herr Prof. Kautzsch drückt
den Wunsch aus, bei der versprochenen genauen Beschreibung
des Manuscriptes möchte neben der Angabe der Varianten in
den Lesarten besonders auch auf das Plus und Minus der neuen
Handschrift gegenüber den übrigen bisher bekannten Acht ge-
geben werden.

Séance du samedi 8 septembre, à 9 heures.

Mrs. Lewis legt den Mitgliedern der Section zur Besichtigung die prächtigen Photographien vor, die sie sich von dem im Sinai-Kloster befindlichen Manuscript der ins Syrische übersetzten Evangelien angefertigt hat.

Herr Prof. Haupt überreicht dem Congress von Seiten der „Johns Hopkins University" of Baltimore zwei Bände der von Friedrich Delitzsch und ihm herausgegebenen *Beiträge zur Assyriologie und vergleichenden semitischen Sprachwissenschaft* (Leipzig 1890 und 1893), ferner von Seiten des „Oriental Club" of Philadelphia einen Band: *Oriental studies, a selection of papers read before the Oriental Club of Philadelphia,* 1888—1894 (Boston 1894), endlich von seiner Seite die dritte Lieferung der *Sacred Books of the Old Testament, a critical edition of the Hebrew text under the editorial direction of Paul Haupt* in der Prachtausgabe, von welcher nur etwas zu hundert Exemplare hergestellt werden.

Hierauf gibt Haupt einen kurzen Abriss von seiner Ansicht über den Ursprung der fünf Bücher Mose, wobei es ihm hauptsächlich darauf ankommt, die Meinung der Discussion zu unterbreiten, dass Esra den ganzen Pentateuch aus dem Exil nach Jerusalem gebracht habe. Die Herren Kautzsch, Holzinger, Stade, Horst und Budde weisen ein jeder an neuen Punkten nach, dass diese Vorstellung unmöglich ist, und dass Esra nichts weiter als den sogenannten Priestercodex der Gemeinde überbracht haben kann. Herr Prof. Budde wendet sich auch mit einigen Worten gegen Prof. Bruston, der in seinem Votum Dillmann's Ansicht von dem vordeuteronomischen Ursprung des Priestercodex aufgenommen und zu verteidigen gesucht hat.

Herr Prof. Halévy spricht über die æthiopische Vocalbezeichnung. Zu seiner neuen Erklärung machen die Herren Hommel und D. H. Müller einige Bemerkungen.

Herr Prof. Hommel lenkt die Aufmerksamkeit auf einige sabäische Inschriften, welche Ed. Glaser aus dem Süden Arabiens nach Europa gebracht hat. Herr Prof. D. H. Müller erinnert an die grossen Verdienste, welche Halévy sich um die sabäischen Altertümer erworben hat.

Herr Prof. J. Oppert spricht über die sogenannten altarmenischen Keilinschriften vom Wan-See. Von den Kennern derselben, zu denen nach J. Oppert's eigenen Worten ausser ihm nur D. H. Müller, Hommel und Jensen gehören und die sämtlich anwesend sind, ergreift nur Prof. D. H. Müller zu kleineren Bemerkungen über den Vortrag das Wort.

Zum Schluss verliest Herr Rabbiner Schwarzstein seinen Vortrag über die biblische Ethnographie nach einer arabischen authentischen Tradition. Es handelt sich hauptsächlich um die Identificierung gewisser seltener Völker- und Ländernamen.

Séance du lundi 10 septembre, à 1 heure et demie.

Herr Dr. Cust lässt unter die Mitglieder verteilen seinen *Essai sur les anciennes religions du monde avant l'ère chrétienne*, und

Herr Prof. Kirste seine Brochüre *Die Bedeutung der orientalischen Philologie*.

Herr Rabbiner Schwarzstein überreicht dem Congress sein Werk über den Targum Arvi.

Im Namen von Prof. Guidi übergiebt Herr Prof. Valenziani das Buch Guidi's *Proverbi, strofe e racconti abissini tradotti e pubblicati* und verliest dann eine Arbeit desselben Gelehrten über eine syrische Grabinschrift.

Herr Prof. Halévy bespricht die moderne Bibelkritik und sucht die von ihr gewonnene Ansicht von verschiedenen Quellen im Pentateuch zu widerlegen. Dieser Versuch macht er einerseits durch Herbeiziehung der gleichzeitigen assyrischen und babylonischen Literatur, andrerseits dadurch, dass er mit geistreichen Verbindungen, die er zwischen den von der Kritik angenommenen Quellen entdeckt, die Einheit beweisen zu können meint. Herr Prof. Bruston tritt dieser Anschauung entgegen und spricht von seiner schon früher literarisch publicierten Ueberzeugung, dass nicht nur Elohist, Priestercodex, Deuteronomist und ein *einziger* Jahwist, sondern *zwei* Jahwisten zu unterscheiden seien. Die Herren Kautzsch und Budde weisen nach, wie die geistreichen Verbindungen Halévy's die Schwierigkeiten nicht heben und die Gründe der Kritik nicht aus der Welt schaffen, und dass eine genauere Beachtung der vom Text gebotenen Aussagen die eben von Halévy gefundenen Verbindungen widerlegt. Herr Prof. Thomas mahnt die Kritiker zur Behutsamkeit, eine Mahnung, von der Prof. Stade bei der Besprechung des folgenden Vortrags meint, dass sie an die falsche Adresse gerichtet worden sei.

Herr Dr. Neteler verliest seine Arbeit über assyriologische Schwierigkeiten assyrisch-alttestamentlicher Gleichzeitigkeiten, worin er nachweisen zu können glaubt, dass die Angaben der Bücher der Könige über den Untergang Israels und den Fall von Samarien mit den Angaben der Inschriften in vollstem Einklang seien. Welche Künste aber zu diesem Beweise nötig sind, zeigt z. B. die Annahme Neteler's, dass Salmanassar und Sargon die Namen eines und desselben assyrischen Königs seien. Die Haltlosigkeit der vorgetragenen Lösung wird in der Discussion von Seite der Assyriologen, wie von Seite der alttestamentlichen Gelehrten, nämlich von den Herren J. Oppert, Stade, Tiele und Haupt, dargelegt.

Séance du mardi 11 septembre, à 9 heures.

Zu Anfang der Sitzung wird eine kurze Mitteilung von Herrn Rabbiner Schwarzstein verlesen, nach welcher eine arabische Inschrift für die Identität von *gomer* mit den Kimmeriern sprechen soll.

Herr Prof. J. Oppert spricht über einige Termini des assyrischen Rechts, woran Prof. Haupt einige Bemerkungen knüpft.

Herr Prof. Tiele überreicht sodann sein Buch *Western Asia*.

Herr Prof. Bickell sucht zu beweisen, dass Vers 12 des 6. Kapitels im Hohen Liede, welchen man hauptsächlich für die dramatische und historische Erklärung dieser Liedersammlung ins Feld geführt hat, ausschliesslich aus Glossen und Dittographien zusammengesetzt ist.

Herr Prof. Bruston sucht noch einmal seine in einer früheren Sitzung dargelegte Position zu verteidigen, erhält aber von Prof. Stade keine Unterstützung. Weitere Bemerkungen machen die Herren Halévy und J. Oppert.

Herr Tony André trägt seine neue Erklärung von Haggai 1, 6 vor, wonach die letzten zwei Worte צרור נקוב nicht einen „durchlöcherten Beutel", sondern einen „durchbohrten Stein", das Sinnbild des Sclaven, bedeuten sollen. Ueber die assyrischen durchbohrten Steinchen, auf welche sich André berufen hat, giebt

J. Oppert einige Erklärungen, die der neuen Auffassung nicht günstig sind.

Herr Prof. Hommel spricht über *utknapišti*, den babylonischen Namen Noah's, und über ein sabäisches Aequivalent des Namens *Zerach*. Herr Prof. Haupt hat gegen diese Identificationen Bedenken.

Herr Reinach vermutet, dass unter Artaxerxes, der nach einer Stelle bei Solinus Jericho zerstörte, Ardaschir, der Gründer der Sassanidendynastie zu verstehen sei.

Herr Prof. Halévy will *pûr* aus dem Hebräischen ableiten, indem er auf das Verbum פרר „brechen" zurückgeht, von welchem er für *pûr* die Bedeutung „Los" zu gewinnen hofft.

Da die Tagesordnung absolviert ist, jedoch noch einige Zeit zur Verfügung steht, wird Herrn Pinches zu einer Mitteilung über eine im British Museum befindliche Keilinschrift, die vermutlich aus der Zeit der Arsacidenkönige stammt, das Wort gewährt. Die Inschrift ist deshalb interessant, weil sie Namen enthält, welche den Namen *Arioch* und *Tidal* (in Gen. 14) entsprechen könnten.

Der Vorsitzende, Herr Prof. Kautzsch, schliesst die Sitzungen der Section, indem er nochmals für die überreichten Geschenke und die vielen anregenden vorgetragenen Arbeiten dankt. Dann giebt er eine statistische Uebersicht über die Mitglieder der Section, welche zehn europäische und drei aussereuropäische Länder vertreten, und über die gehaltenen Vorträge, von denen sich zwei auf allgemein Semitisches, zehn auf das Alte Testament, zwei auf Rabbinisches, fünf auf die Dialecte und neun auf die Keilschriftforschung beziehen. Zum Schluss hebt er auch hervor, wie vor allem auch die persönliche Berührung, welche ein solcher Congress ermöglicht, den Teilnehmern eine reiche Förderung geboten habe.

Herr Prof. J. Oppert ergreift hierauf das Wort, um der Versammlung vorzuschlagen, dem Herrn Vorsitzenden für die geschickte und treffliche Leitung der Verhandlungen den Dank der Section auszusprechen. Dieser Vorschlag wird mit einstimmiger Acclamation angenommen.

SECTION III.

Langues Musulmanes.

Le Comité d'organisation du Congrès, fidèle à la tradition, avait créé une section spéciale pour l'étude des langues et des littératures de l'islam. Toutefois, pour ne pas rompre le lien qui relie ces langues, par l'intermédiaire de l'arabe, aux langues sémitiques, il avait pris soin de régler les heures de séance de manière qu'il fût possible d'assister aux travaux des deux sections II et III.

Le bureau de la section a été constitué comme suit:
Président: M. Charles Schefer.
Vice-présidents: M. M. J. de Goeje.
          M. Eduard Sachau.
          M. Ignaz Goldziher.
Secrétaires: M. Richard Gottheil.
          M. Jean Spiro.

Séance du mardi 4 septembre, à 2 heures et demie.

Présidence de M. Schefer, président.

M. Goldziher rappelle le souvenir de M. Robertson Smith, président de la section des langues musulmanes au Congrès de Londres, et propose à l'assemblée de se lever pour rendre hommage à la mémoire de ce savant distingué. L'assemblée se lève en signe de deuil.

M. le président annonce pour demain matin à 8 heures une réunion extraordinaire ayant pour objet les derniers travaux scientifiques en Palestine et il invite à y assister tous les savants qui s'intéressent à cette question.

M. Casanova donne lecture de l'introduction d'un travail de S. A. le Prince Philippe de Saxe-Coburg-Gotha sur deux monnaies des pirates Bédouins du temps du sultan Soliman. M. le président prie M. Karabacek de transmettre à Son Altesse les remerciements de la section.

M. Kiamil Bey donne lecture d'un travail sur l'islam et l'empire ottoman.

La séance est levée à 3 heures et demie.

Séance du mercredi 5 septembre, à 1 heure et demie.

Présidence de M. Schefer, président.

Le procès-verbal de la séance précédente est adopté après lecture.

M. de Morgan parle de son voyage en Perse et fait hommage du premier volume de son ouvrage intitulé *Mission scientifique en Perse. Études géographiques.*

M. Goldziher communique ses observations sur l'histoire primitive de la poésie chez les Arabes. Suivant lui, chez tous les peuples, la poésie prend sa source dans des incantations magiques. Le poète arabe, lui aussi, est d'abord un enchanteur, chargé de nuire aux ennemis de la tribu en lançant contre eux des formules magiques (*hidjâ*'). Il est le *šâ'ir*, le „sachant"; ce nom est synonyme du *yid'ônî* des Hébreux. L'histoire de Balaam, dans l'Ancien Testament, nous montre déjà le poète dans ce rôle. M. Goldziher cherche à reconstituer ces formules chez les anciens Arabes et montre qu'elles s'y sont constituées sous la forme poétique du *sadj'*, dont le mètre s'est développé plus tard. Dans la suite, ces formules magiques ont donné naissance à la poésie satirique, dont la récitation était accompagnée, au début, de certaines pratiques extérieures. La vieille terminologie de la poésie arabe a conservé mainte trace de cette origine. Ainsi, M. Goldziher relève le terme *qâfiya*, dont le sens primitif était „formule qui assomme la tête de l'adversaire."

M. Ahmed Chawki lit un travail sur une tragédie arabe composée récemment par une dame musulmane.

M. Hartmann lit un travail sur la métrique arabe. Suivant lui, les travaux de Freytag et de Guyard sur ce sujet ont besoin d'être complétés. Il s'attache spécialement à la forme poétique appelée *muwaššah*, et établit l'existence de vingt-quatre types poétiques.

La séance est levée à 3 heures.

Séance du vendredi 7 septembre, à 9 heures.

Présidence de M. Sachau, vice-président.

Le procès-verbal de la séance précédente est adopté après lecture.

M. Margoliouth lit un travail sur la correspondance de Diyâ' ad-dîn al-Djazari. C'est un recueil de lettres conservées à la Bodléienne à Oxford, et provenant de divers princes, notamment de Badr ad-dîn, prince de Mosoul. Elles jettent un jour curieux sur l'histoire de Bagdad et de l'Arménie pendant les années 621 à 627 de l'hégire.

Cette communication est suivie d'une courte discussion à laquelle prennent part MM. Goldziher et Karabacek.

M. Grünert lit un travail sur le dernier voyage de M. Glaser dans le sud de l'Arabie et sur les inscriptions et les manuscrits rapportés par le courageux voyageur. Le travail est consacré à l'examen de ces derniers. Ils sont au nombre de 251 et se rapportent à diverses branches de la littérature et de la science arabes; ils sont en très bon état. Parmi les plus importants, l'auteur relève notamment une importante collection relative à la jurisprudence zaidite et une vingtaine de volumes datés des IVe, V^e et VIe siècles de l'hégire.

M. Hommel annonce qu'il fera dans la section II (sémitique) une communication sur les inscriptions recueillies par M. Glaser au cours de son voyage.

M. Horn rend compte du Catalogue des manuscrits persans et turcs de la Bibliothèque du Vatican, qu'il a préparé d'accord avec l'administration de la Bibliothèque. Puis il donne quelques détails sur un manuscrit persan du Vatican, la Lughat-i Furs, dictionnaire composé par Abu l-Hasan 'Alî al-Asadi, de Tous en Perse.

M. Dvořák lit un travail sur Abû Firâs, l'un des derniers grands poètes arabes (320—357 de l'hégire). Son caractère fier et héroïque représente encore le vieil esprit arabe, mais ses sentiments délicats trahissent une civilisation plus raffinée. Sa poésie est la fidèle image de sa vie mouvementée. Il appartient à la Syrie, où il avait fixé son séjour. Ses poèmes érotiques, ses chants de chasse rappellent parfois la poésie grecque; dans d'autres poésies, il fait songer aux Tristia d'Ovide.

M. le Comte de Landberg ajoute quelques paroles.

M. Ahmed Zéki lit un travail sur la prétendue charte accordée par Mahomet aux chrétiens du Mont Sinaï. Cette charte n'a plus qu'un intérêt historique. Elle est d'ailleurs inauthentique; l'auteur le démontre au double point de vue du fond et de la forme.

M. Barbier de Meynard fait observer que personne ne doute de son inauthenticité.

M. Ahmed Zéki fait hommage d'ouvrages et de documents divers.

La séance est levée à 11 heures et demie.

Séance du Samedi 8 septembre, à 1 heure et demie.

Présidence de M. Goldziher, vice-président.

Le procès-verbal de la séance précédente est adopté après lecture.

Shams ad-daulah Maulawi Muhammed Shibli Numani fait hommage de la traduction anglaise de son ouvrage intitulé *The jizya or capitulation tax.*

M. Ahmed Zéki fait hommage de son *Rapport sur les manuscrits arabes de l'Escurial* et de sa *Traduction arabe de la géographie de l'Égypte.*

M. Seybold présente quelques observations sur le dialecte arabe parlé à Grenade. A part les travaux de l'école de Codera, les études hispano-arabes sont peu avancées. Paul de Lagarde avait promis une étude sur le dialecte arabe de Grenade au XV° siècle, mais ce mémoire n'a pas paru. M. Seybold a l'intention de reprendre ce travail. Il appelle l'attention des arabisants sur une nouvelle édition qu'il se propose de publier de l'*Histoire des Musulmans d'Espagne* de Dozy, et du *Glossaire des mots espagnols et portugais dérivés de l'arabe*, par Engelmann et Dozy, ouvrage épuisé.

M. Cardahi lit un travail en arabe sur les écrivains maronites. Il en donne une liste avec le nom de leurs ouvrages, fort intéressants pour l'histoire de l'Église syrienne.

M. Kiamil Bey présente quelques observations.

La séance est levée à 2 heures et demie.

Séance du lundi 10 septembre, à 9 heures.

Présidence de M. Schefer, président.

Le procès-verbal de la séance précédente est adopté après lecture.

M. Almkvist annonce, pour paraître dans les Actes du Congrès, la deuxième partie de ses *Kleine Beiträge zur Lexicographie des Vulgärarabischen*, dont la première partie a paru dans les Actes du Congrès de Stockholm [1].

M. Omar Loutfi lit un travail sur la justice et le droit arabes avant l'islamisme. Il insiste surtout sur le droit coutumier concernant le statut personnel, sur la procédure et le droit pénal, enfin sur les diverses formes de l'action répressive.

M. Goldziher rappelle la proposition adoptée au Congrès de Londres en 1892, concernant la rédaction et la publication d'une Encyclopédie de la philologie arabe et musulmane. En regard de l'importance de cette publication, il propose de mettre à la tête du Comité désigné à Londres, M. de Goeje, à la place du regretté Robertson Smith.

M. de Goeje ayant déclaré que les circonstances le mettaient actuellement dans l'impossibilité d'assumer cette tâche, la section à l'unanimité prie M. Goldziher d'en prendre la direction et décide de soumettre la question à l'Assemblée générale du Congrès.

La séance est levée à 10 heures et demie.

Séance du mardi 11 septembre, à 9 heures.

Présidence de M. de Goeje, vice-président.

Le procès-verbal de la séance précédente est adopté après lecture.

M. Cust fait hommage de son *Essai sur les anciennes religions du monde avant l'ère chrétienne*.

M. Rieu fait hommage de la préface de son *Supplement to the Catalogue of the Arabic manuscripts in the British Museum* et donne quelques détails sur cet important ouvrage bibliographique, où seront décrits tous les manuscrits arabes

---

1) Ce travail considérable n'ayant pu être achevé à temps, le Comité, d'accord avec l'auteur, a dû renoncer à regret à le publier dans les Actes du Congrès.

acquis par le Musée depuis la publication de l'ancien catalogue.

L'ordre du jour étant épuisé, M. Socin, au nom de tous les assistants, remercie cordialement le bureau de la section.

M. de Goeje prononce la clôture des séances et exprime l'espoir que les membres de la section se retrouveront au prochain Congrès.

La séance est levée à 10 heures.

———

SECTION IV.

ÉGYPTE ET LANGUES AFRICAINES.

Séance du mardi 4 septembre, à 2 heures et demie.

Présidence de M. Maspero, président.

Le bureau de la section est composé de la manière suivante:
Président: M. Gaston Maspero.
Vice-présidents: M. P. Le Page Renouf.
           M. J. D. C. Lieblein.
Secrétaires: M. Jean Jacques Hess.
           M. Gustave Jéquier.

Après l'élection du bureau, M. Maspero rappelle le souvenir des morts illustres, en particulier Johannes Dümichen, et regrette d'avoir à annoncer à la section l'état inquiétant dans lequel se trouve l'illustre Brugsch Pacha. Il résume en quelques phrases les grands services que Brugsch a rendus à la science pendant le demi-siècle d'activité qui lui a été accordé: il a créé la géographie, la lexicographie égyptiennes, l'étude raisonnée du démotique.

Après ces paroles de M. le président, l'ordre des séances est réglé d'après la liste des communications inscrites.

M. de Morgan demande la parole pour donner quelques explications au sujet d'une communication faite par M. Bénédite à l'Assemblée générale, relativement au projet de barrage du Nil qui entraînerait la perte du temple de Philae.

M. de Morgan expose sommairement la nature des projets de barrage, montre les suites fâcheuses qu'entraîneraient ces diverses solutions du problème, déclarant que jusqu'à ce jour aucune notification officielle ne lui a été faite des décisions du Gouvernement égyptien; il exprime la résolution du Service des antiquités de s'opposer à la réalisation de tout projet portant préjudice aux ruines de Philae et des autres temples menacés, et remercie les savants européens de l'appui qu'ils veulent bien lui donner dans cette circonstance. Il ne manquera pas de transmettre au Gouvernement de S. A. le Khédive l'opinion du monde savant.

M. Naville donne communication de deux lettres particulières qu'il vient de recevoir à ce sujet de M. Garstin, sous-secrétaire d'État au Ministère des Travaux publics. Dans ces deux lettres, M. Garstin proteste de son désir de concilier les intérêts de l'agriculture égyptienne avec ceux de la science et des arts, déclare qu'aucune solution n'a encore été choisie, et annonce qu'il serait possible de ne donner au barrage de Chellâl qu'une hauteur telle que seuls les petits temples de Philae seraient au-dessous du niveau des eaux.

M. Maspero remercie M. Naville de cette communication.

M. de Morgan exprime la crainte que les infiltrations ne portent préjudice aux murailles du grand monument. Cette solution, dit-il, serait la destruction partielle des édifices de Philae dont le principal charme est l'ensemble, car elle ferait probablement disparaître la grande colonnade et le temple de Tibère.

M. Maspero exprime le désir que la question reste en suspens, car il peut survenir en Nubie des événements politiques permettant d'établir le barrage à la seconde cataracte et de sauver ainsi tous les monuments de la Nubie. Quant à la proposition du transport du temple dans un autre endroit, soit en totalité, soit en partie, elle doit être venue de quelqu'un qui n'a jamais regardé de près cet édifice, faisant en quelque sorte corps avec les rochers de l'île.

M. Beauregard offre au Congrès un volume récemment paru et intitulé *La caricature égyptienne.* Il reçoit les remerciements du président.

M. Eisenlohr commence la lecture de son mémoire sur les dates astronomiques dans la chronologie égyptienne, lecture interrompue par l'heure déjà avancée et dont la fin est remise à la prochaine séance.

La séance est levée à 4 heures.

Séance du mercredi 5 septembre, à 1 heure et demie.

Présidence de M. Lieblein, vice-président.

Après la lecture du procès-verbal de la séance précédente, M. Eisenlohr termine la lecture de son mémoire sur l'établissement des dates de la chronologie égyptienne au moyen des données astronomiques. L'Égypte n'a pas eu, comme la Grèce et Rome, une ère fixe, et les listes royales, si précieuses qu'elles soient, ne nous donnent aucun renseignement précis à ce point de vue. Les documents cunéiformes de Tell-el-Amarna, par contre, nous permettent d'établir quelques dates certaines. Sur quelques monuments égyptiens, nous avons la mention d'éclipses solaires ou lunaires, et sur d'autres, des indications sur le lever de Sirius qui ont servi dernièrement à fixer quelques dates, quoique les données puissent être encore sujettes à caution.

M. Piehl lit la première partie de ses *Remarques sur la lexicographie égyptienne*, trois articles relatifs à la lecture du nom de la déesse Sekhmet, à un mot inconnu signifiant „main", enfin à un nouveau mot servant à désigner un autel. Le reste de sa communication est remis à la prochaine séance, ainsi que le mémoire de M. Bénédite.

La séance est levée à 3 heures et demie.

Séance du vendredi 7 septembre, à 9 heures et demie.

Présidence de M. Le Page Renouf, vice-président.

M. Piehl donne, après la lecture du procès-verbal, la suite de son mémoire sur la lexicographie égyptienne. Il explique une nouvelle expression signifiant „protéger" et y joint une nouvelle interprétation phonétique du signe qu'on lisait précédemment *chou*; il traite enfin du groupe *qeq* et d'un mot nouveau auquel il attribue également le sens de „manger".

Vu l'affluence des auditeurs, la section se transporte dans

la grande salle de l'Université, où M. de Morgan lit un rapport détaillé sur les fouilles et travaux entrepris par lui en Égypte; il rend compte en particulier des trouvailles de Dahchour et montre de nombreuses planches et photographies faisant ressortir leur importance. Il parle ensuite du déblaiement du temple d'Ombos, puis de l'administration des Musées et des publications entreprises par lui. M. de Morgan en profite pour offrir au Congrès le premier volume du *Catalogue des monuments et inscriptions de l'Égypte antique*, qui contient le relevé des monuments d'Assouan et des environs. Il termine sa communication en parlant des travaux de l'Institut égyptien dans ces dernières années.

La séance est levée à 11 heures et demie.

Séance du samedi 8 septembre, à 9 heures et demie.

Présidence de M. W. Pleyte.

Après la lecture du procès-verbal, M. Lieblein parle du groupe hiéroglyphique qui désigne les Grecs et propose de substituer à l'ancienne lecture *ha-nebu* celle de *(h)i-aoa* et d'en faire le nom des Ioniens. M. Piehl expose les raisons très graves qui ne lui permettent pas d'accepter cette opinion.

M. Bénédite parle ensuite de la statue de bois de la prêtresse Toui, nouvellement acquise par le Musée du Louvre, et montre des photographies de ce beau monument. Sa deuxième communication est relative au temple périptère de Ouadi Halfa, que M. Bénédite a relevé et dont il fait ressortir les particularités architecturales. MM. Naville, Wiedemann, Maspero et Schiaparelli ajoutent quelques mots au sujet de ce monument, unique en son genre en Égypte depuis la destruction du temple d'Éléphantine au commencement du siècle.

M. Hess communique quelques documents hiéroglyphiques et démotiques de très basse époque, qui sont les plus modernes connus et ont été recueillis par lui en Égypte, au cours de la mission dont il avait été chargé par le Conseil fédéral.

M. Le Page Renouf cite un passage du *Livre des Morts*, en explication du tableau mythologique (dans les temples de Louxor et de Philae comme au sarcophage de Ramsès III) dans lequel des épis de froment surgissent du corps momifié d'Osiris.

M. Wiedemann communique un travail sur le jeu de dames des anciens Égyptiens. MM. Maspero, Pleyte et Hess font quelques remarques à ce sujet.

La séance est levée à midi.

Séance de 1 heure et demie.

Présidence de M. Lieblein, vice-président.

M. Berthoud lit son travail sur les langues bantou en général et la langue tzonga en particulier, dont il fait ressortir les traits les plus saillants.

Après quelques remarques de M. Hess, M. Reinach combat l'identification de Mygdolon avec Mageddo, noms des deux batailles livrées par Néchao en Syrie. M. Halévy se range à son opinion.

La séance est levée à 3 heures et demie.

Séance du lundi 10 septembre, à 9 heures.

Présidence de M. Le Page Renouf, vice-président.

M. Piehl donne communication d'un texte mythologique du temple d'Edfou, et ajoute quelques remarques philologiques.

M. Schiaparelli lit un travail sur la géographie de la Nubie et des pays connus des Égyptiens au sud de l'Égypte.

M. Maspero communique une lettre du Comité d'organisation invitant la section à se réunir mardi à 9 heures, et MM. les présidents et vice-présidents à 2 heures, et fixant la séance de clôture du Congrès à mercredi à 9 heures.

M. Piehl propose la fondation d'un journal de critique égyptologique et en offre la direction à M. Naville, qui déclare ne pouvoir s'en charger et croit que cette question se fera jour peu à peu.

M. Krall parle d'un papyrus de la collection de l'archiduc Rénier, contenant plusieurs fragments d'un roman démotique.

La séance est levée à midi.

Présidence de M. Maspero, président.

Le secrétaire lit le procès-verbal, puis M. Loret communique son travail sur la laitue chez les Égyptiens; ce légume, pris jusqu'ici pour un artichaut, paraît souvent sur les tables d'offrandes et porte le nom d'*abou*. M. Pleyte, puis M. Maspero lui adressent à ce sujet quelques observations.

M. Moret développe ses remarques sur une fonction judiciaire du Moyen Empire, qu'il compare à celle des chrématistes de l'Égypte ptolémaïque.

M. Le Page Renouf lui fait une remarque au sujet d'un groupe hiéroglyphique.

M. Valdemar Schmidt parle d'un grand travail entrepris par lui sur les sarcophages égyptiens, de la XXe à la XXIIe dynastie, spécialement sur ceux qui proviennent de la trouvaille des grands prêtres d'Ammon.

M. Naville donne quelques explications sur ses fouilles dans le temple de Deïr-el-Bahari, en les accompagnant de photographies. Il fait ressortir l'intérêt de ses résultats, en particulier au point de vue architectural.

M. Lieblein parle des *Akaïousha*, peuple dont il a jadis étudié certaines particularités de mœurs. Il montre que les résultats de ses études ont été admis depuis par les plus savants égyptologues.

M. Maspero prononce une allocution d'adieu dans laquelle il montre tout l'avantage que présentent ces Congrès périodiques au point de vue des relations scientifiques personnelles entre travailleurs de même ordre. Puis il déclare close la session du Congrès.

SECTION V.

EXTRÊME-ORIENT.

Séance du mardi 4 septembre, à 3 heures.

Présidence de M. Schlegel, président.

M. le président propose de constituer le bureau de la manière suivante:

Vice-présidents: M. Henri Cordier.
M. Carlo Valenziani.

Secrétaires: M. Wilhelm Grube.
M. Édouard Chavannes.

Ces propositions sont ratifiées à l'unanimité.

M. le président demande aux membres qui se proposent de faire des communications quels jours leur conviennent; l'ordre du jour est arrêté définitivement jusqu'à la fin de la semaine.

M. Diósy invite les membres de la section à donner une concordance des noms géographiques coréens en notant les transcriptions des prononciations chinoise, coréenne et japonaise.

La séance est levée à 4 heures.

Séance du mercredi 5 septembre, à 10 heures.

Présidence de M. Schlegel, président.

Les mémoires envoyés par MM. de Harlez, Marre et Maijer sont présentés à la section.

M. Chevalier a la parole pour sa première communication, intitulée *Cérémonies du 15ᵐᵉ jour du 1ᵉʳ mois en Corée*. La nuit venue, le Coréen dresse un autel dans son jardin, en face de la lune, et trace sur des bambous les caractères *or, bois, eau, terre*; il les jette derrière lui trois fois, puis il se reporte à l'ouvrage *yue loen ts'e* pour savoir ce qui doit arriver dans l'année. L'observation des astres joue aussi un grand rôle dans ces pratiques.

M. Schlegel fait remarquer que ces cérémonies ont la plus grande ressemblance avec celles qui sont en usage en Chine.

M. Chevalier lit une traduction de la légende japonaise de Taketori. C'est l'histoire d'une jeune fille de la lune qui a

été exilée sur la terre et qui finit par remonter dans la lune
en se revêtant d'une robe de plumes.

M. Schlegel rappelle que le conte a déjà été traduit par
M. Dickens dans le *Journal of the Royal Asiatic Society*.

M. Valenziani fait observer que le professeur Severini a
traduit ce récit il y a quinze ans dans les *Actes de la Société
Royale de Florence*, sous le titre *La Fiaba del Nonno Tagliabambù*,
que le Dr. Lange l'a traduit en allemand et que la robe de
plumes forme aussi le sujet d'une des anciennes pièces du théâtre
classique japonais (*noou* ou *outaï*) traduites par M. Mac Clatchie
sous le titre *Ancient Japanese plays translated*.

M. Chavannes présente les estampages de l'inscription
en six langues qui se trouve à Kiu-Yong-Koan, au nord de
Péking; il montre que la dharâni qui se trouve sur la face
ouest de l'inscription est celle qui porte le n° 790 dans le catalogue de Bunyiu Nanjio et que la partie chinoise en petits
caractères est un résumé du sutra dans lequel est intercalée
cette dharâni;

M. Sylvain Lévi a traduit d'une manière très satisfaisante le texte tibétain en petits caractères;

M. Radloff expose le résultat de ses recherches sur la
partie ouïgoure en petits caractères;

M. Chavannes indique quelques-unes des expressions
qu'il a pu identifier dans la partie écrite en pa-se-pa.

La séance est levée à midi.

Séance du vendredi 7 septembre, à 1 heure et demie.

Présidence de M. Schlegel, président.

M. Land lit un travail sur la musique javanaise.

M. Guimet suggère l'idée que la musique javanaise a
quelques rapports avec la musique japonaise. M. Diósy appuie
cette opinion.

Lecture est faite de la communication de M. Waddell
intitulée *The motive of the mystery play of Tibet*. Une rédaction plus complète de ce travail sera remise au Congrès.

M. Lorgeou fait une communication sur la versification
siamoise fondée sur la mesure et l'assonnance; la rime n'est

pas nécessairement placée à la fin du vers et n'est d'ailleurs souvent qu'une allitération, ou plutôt une assonnance; l'accent prosodique joue aussi un certain rôle dans cette poésie. Le vers siamois est d'une sonorité remarquable.

M. Grube fait une communication sur la langue et l'écriture jou-tchen. Ce sujet était jusqu'à présent presque inconnu; grâce à l'ouvrage intitulé *Hoa i i yu* et donné par M. Hirth à la Bibliothèque impériale de Berlin, le Dr. Grube a pu en faire une étude approfondie. Dans les textes jou-tchen qu'il a expliqués, il a trouvé 25 caractères idéographiques et 750 caractères syllabiques; la langue jou-tchen présente de grandes analogies avec la langue mandchoue. Le Dr. Grube trace le plan du travail considérable qu'il se propose de faire sur ce sujet.

M. le président félicite l'orateur et souhaite que le livre qu'il a en préparation soit publié le plus tôt possible.

M. Radlov dit qu'il a étudié la partie ouïgoure du *Hoa i i yu* et qu'il en a trouvé la rédaction fort défectueuse.

M. von Rosthorn donne une analyse de l'ouvrage de philologie chinoise intitulé *Lun wen Tsien chuo*.

M. Grube émet le vœu que cet ouvrage soit traduit intégralement dans une langue européenne.

M. Schlegel est du même avis, cependant il doute qu'une telle publication facilite beaucoup l'étude du chinois.

M. le président présente le dictionnaire chinois-français de Bailly. Puis il annonce que S. A. le prince Roland Bonaparte a promis de faire faire des reproductions de l'inscription de Kin-yong-hoan, pour être mises à la disposition des orientalistes. Cette communication est accueillie par de vifs applaudissements.

La séance est levée à 4 heures et quart.

Séance du samedi 8 septembre, à 10 heures.

Présidence de M. Schlegel, président.

M. Radlov donne un résumé de son expédition dans la Mongolie en 1891, au sud du lac Baïkal, au bord de l'Orkhon. Les trouvailles appartiennent à diverses périodes: 1° préhistorique; 2° dynastie des Tou-Kiue; 3° Ouïgours (on n'a trouvé qu'un seul monument ouïgour à Kharabalghasoun); 4° inscriptions sinico-mongoles près du monastère Erdeni-djon. M. Klementz a continué ses découvertes. Il y a 12 inscriptions en écriture toukiue ou turques. Dans les tombeaux turcs, on a trouvé les statues en pierre bien connues sous le nom russe de *baby*. Sur trois inscriptions turques, l'une appartient à Koul-tégin, la deuxième à son frère, la troisième probablement au père de Koul-tégin (690 après J.-C.)

M. Radlov expose sa méthode de déchiffrement. L'écriture se lit de droite à gauche. L'établissement définitif de l'alphabet est dû à M. Thomsen, de Copenhague. Les lettres turques se divisent en deux groupes selon la nature gutturale ou palatale des voyelles. Un troisième groupe est formé des voyelles qui se combinent avec toutes les consonnes. La langue est facile à comprendre, de sorte que M. Radlov a pu en faire une traduction satisfaisante; il donne une analyse détaillée et fort intéressante de quelques inscriptions. Les régions comprises depuis le Jénissei jusqu'à l'Orkhon étaient habitées par le peuple turc. L'orateur termine par un aperçu des résultats historiques et ethnographiques fournis par l'étude des inscriptions

M. le président remercie M. Radlov.

M. Donner annonce une prochaine publication de M. Thomsen, qui se propose de donner une nouvelle traduction des inscriptions.

M. Huth fait une communication sur les inscriptions en langues tibétaine et mongole de Tsaghan Baisching. Ces inscriptions ont été découvertes en 1891 par M. Radlov et publiées par lui en phototypie dans son atlas des antiquités de la Mongolie. M. Huth montre que les faits auxquels il est fait allusion dans ces inscriptions sont éclaircis par l'histoire du bouddhisme en Mongolie, composée en tibétain par *Jigs-med nam-mka*. Il présente son édition et sa traduction imprimées de ce dernier ouvrage, ainsi que son opuscule sur les inscriptions précitées.

Une discussion s'engage entre M. Radlov et M. Huth sur la disposition exacte des monuments de Tsaghan Baisching.

La séance est levée à midi.

Présidence de M. Schlegel, président.

M. Cordier présente le volume récemment publié par M. Terrien de Lacouperie, sous le titre *Western origin of the early Chinese civilization.*

M. Schlegel fait devant une nombreuse assistance une très intéressante conférence sur la position sociale de la femme en Chine, avec une profonde érudition qui n'exclut pas l'humour et l'entrain; il fait connaître à son auditoire, par une série de textes empruntés aux monuments de la littérature chinoise, les principales héroïnes de l'Extrême Orient. Il montre que la situation des femmes en Chine n'a rien de servile, que plusieurs d'entre elles faisaient trembler leurs maris, enfin qu'un grand nombre sont devenues célèbres par leurs talents. La femme bourgeoise en Chine est à peu près aussi heureuse que son égale en Europe; l'autorité dont elle peut avoir le plus à souffrir est celle de sa belle-mère; mais quand elle est devenue mère elle-même, elle jouit d'une grande considération.

M. Cordier lit une notice intitulée *La participation des Suisses dans les études relatives à l'Extrême Orient.* Il rend hommage, entre autres, aux Missions de Bâle et aux voyageurs Ch. de Courtan, Aimé Humbert, Henri Moser, A. de Claparède, Dr. Yersin, ainsi qu'aux travaux de sinologie de M. François Turrettini. De 1552 à 1779, on relève parmi les pères jésuites les noms de cinq Suisses, dont le plus célèbre est Jean Terreuz (1576—1630); parmi les contemporains, il faut citer le père Dechevrens, né à Chêne en 1845; c'est le père Dechevrens qui a organisé l'observatoire de Zikawei.

M. de Claparède adresse à M. Cordier des remerciements au nom des voyageurs et des savants suisses dont il a parlé.

M. Gramatzky, dans un mémoire intitulé *Zur Romaji-Frage,* traite des diverses méthodes de transcription du japonais. L'orateur propose, pour simplifier l'écriture japonaise, une réduction des caractères au nombre de 60 caractères hirakana et de 40 caractères chinois pour les commençants.

M. Grube est aussi d'avis que dans l'usage pratique du japonais, l'étude de l'écriture japonaise est nécessaire.

MM. Diósy et Schlegel formulent nettement le désir que les Japonais modifient leur écriture afin que leur langue nous devienne plus facilement accessible.

La séance est levée à 3 heures et demie.

Séance du mardi 11 septembre, à 9 heures trois quart.

Présidence de M. Schlegel, président.

M. Valenziani fait une communication sur deux passages du recueil de notices biographiques *nippon hyak' kets' den*, par lesquels il établit que le daimyo d'Aidzou, Gaman Udjisato, envoya secrètement à quatre reprises des ambassadeurs à Rome dans les dernières années du XVIe siècle afin de gagner le pape et de le détacher des Espagnols, contre lesquels le gouvernement japonais voulait lutter aux Philippines. Ces faits très intéressants avaient été jusqu'à présent ignorés en Europe.

M. le président remercie l'orateur et fait ressortir la nouveauté de ces informations.

MM. Lorgeou et Milsom demandent quelques renseignements sur ces curieuses ambassades.

M. le président ouvre la discussion sur la question du Romaji.

MM. Gramatzky, Lorgeou, Diósy et Schlegel prennent part au débat.

La séance est levée à 10 heures trois quarts et la session est close.

SECTION VI.

Grèce et Orient.

Séance du mardi 4 septembre, à 3 heures et demie.

M. A. C. Merriam, président, ouvre la séance et l'on procède à l'organisation de la section.

Sont nommés par acclamation:

Vice-présidents: M. Georges Perrot.

M. D. Bikélas.

Secrétaire: M. Francis De Crue.

La séance est levée à 4 heures.

Présidence de M. **Merriam**, président.

Le procès-verbal est lu et adopté.

M. **Reinach** fait une communication sur un peuple oublié, les Matiènes, dont Strabon et Ératosthène font une peuplade riveraine de la Caspienne, comprise dans la Médie Atropatène. Mais les auteurs du Ve siècle (Hérodote et Hécatée) leur font occuper une région beaucoup plus vaste, réduite cependant à deux tronçons: au N.-O., au coude de l'Halys, au S.-E., dans le Zagros. M. Reinach leur attribue la paternité des monuments de Boghaz-Keui et d'Euiuk, dont jusqu'à présent on faisait honneur aux Hittites. M. Reinach estime que ce dernier peuple n'a pas franchi l'Amanus.

Suit une discussion de MM. **Perrot** et **Reinach** sur les routes militaires de l'Halys. Pour élucider ces points, il convient d'attendre le résultat des explorations que M. Chantre vient de faire dans ces régions, en compagnie de M. Boissier, de Genève.

M. **Perrot** traite de l'inhumation et de l'incinération à l'époque homérique. L'époque mycénienne n'a connu que l'inhumation destinée à faire continuer au mort, dans sa demeure souterraine, une vie analogue à celle qu'il menait de son vivant. L'expérience prouvant que le corps se détruisait malgré tant de soins, l'idée de la persistance d'une simple image du mort, d'une ombre, a déterminé les Grecs à incinérer le cadavre pour *volatiliser* plus vite cette ombre. La crémation est contemporaine des poèmes homériques. Cependant elle ne s'est pas facilement substituée à l'inhumation, et les fouilles des tombes du Dipylon prouvent que l'idée de faire du tombeau une demeure du mort, comme à l'époque mycénienne, a persisté même avec la nouvelle pratique.

A ce sujet, M. **Bikélas** rappelle quelques usages païens conservés par les Grecs actuels dans leurs funérailles.

M. **Strzygowski** parle de l'influence de l'art oriental sur l'art byzantin. Elle s'est exercée à deux reprises: au début, par l'Égypte et la Syrie gréco-romaine; dans une période plus avancée, par l'art arabe.

La séance est levée à midi.

Séance du vendredi 7 septembre, à 1 heure et demie.

Présidence de M. Perrot, vice-président.

M. Merriam fait une communication intitulée *Geryon in Cyprus*. Il décrit deux monuments représentant le monstre, conservés tous deux à New-York; l'un est une statue, l'autre, le fameux bas-relief publié par Ceccaldi. M. Merriam confirme que ce dernier monument date bien de l'époque archaïque grecque, et non de l'époque assyrienne.

M. Perrot se range aux conclusions de M. Merriam.

M. Reinach expose des photographies représentant des sarcophages anthropoïdes de travail grec, trouvés près de Sidon, antérieurs à l'époque de Ptolémée et même d'Alexandre. Quelques-uns remontent jusqu'à l'époque archaïque grecque et permettent de constater, dès les débuts, le choc en retour de l'art hellénique en Orient. Ces reproductions figureront dans la belle collection de monuments artistiques due à Hamdi Bey et à M. Reinach.

M. Perrot insiste sur la valeur de cette communication et de cette publication, et recommande aux archéologues une étude d'ensemble sur les sarcophages anthropoïdes.

M. Nicole décrit un papyrus grec provenant du Fayoum et appartenant à la collection de la Ville de Genève. Il contient une requête adressée par des fermiers égyptiens à un centurion (Julius Julianus). Ce document indique l'année du règne sans le nom de l'empereur régnant; le nom d'un préfet d'Égypte qui s'y trouve permet de le dater du 16 octobre 207 après J.-C., sous le règne de Septime Sévère. Le document donne le nom exact de ce préfet, Subatianus Aquila, jusqu'alors tronqué et contesté. Ces fermiers devaient fournir le blé que la bourgade Soknopéonèse était tenue d'envoyer à Rome. On les a gênés dans leur travail. Ils se plaignent à l'autorité militaire, devenue prépondérante à partir de Septime Sévère. L'étude du papyrus contient des renseignements historiques importants sur l'administration romaine de l'Égypte, renseignements que confirment les autres papyrus de la Ville de Genève.

M. Perrot invite M. Nicole à faire une communication sur la collection des papyrus de Genève.

M. Reinach doute qu'il s'agisse, dans le papyrus décrit par M. Nicole, de simples fermiers; il y voit plutôt en quelque sorte des curiales.

M. Nicole maintient sa manière de voir.

M. Krumbacher présente à la section et au Congrès le livre de M. Strzygowski *Die byzantinischen Wasserbehälter in Constantinopel* (Wien 1893). Il insiste sur la valeur des études de l'auteur relatives aux chapiteaux de colonnes dans les citernes de Constantinople.

La séance est levée à 4 heures.

Séance du samedi 8 septembre, à 9 heures.

Présidence de M. Bikélas, vice-président.

M. l'archimandrite Palamas lit un mémoire sur Theophanes Cerameus, archevêque de Taormina, en Sicile. Ce personnage, souvent confondu avec des homonymes, vivait au XIIe siècle sous le roi Roger. M. Palamas affirme qu'à ce moment, l'Église de Sicile dépendait du patriarcat de Constantinople, que la langue grecque était la langue commune du pays et qu'elle disparut quand les Siciliens oublièrent leur religion orthodoxe.

M. De Crue, en remerciant M. Palamas de sa communication intéressante et nouvelle, fait quelques réserves et doute que la Sicile ait dépendu du patriacat de Constantinople au XIIe siècle.

M. Krumbacher dit qu'il faudrait recourir aux *Notitiæ Episcopatuum*. Il conseille de consulter les travaux de MM. Batiffol et Diehl pour décider de la juridiction religieuse dans la Grande Grèce. Il nie que la langue grecque ait été d'un usage commun au Xe siècle.

M. Nicole cite les *Taxeis Chronôn* qui mentionnent la séparation de la Sicile du siège de Rome, mais sans la dater.

M. Gay dit que les évêchés de Sicile furent séparés de Rome au moment de la querelle des Iconoclastes, au milieu du VIIIe siècle. Les signatures des conciles le prouvent. Au XIIe siècle, les Églises de Sicile reviennent à Rome.

Séance du lundi 10 septembre, à 1 heure et demie.

Présidence de M. Bikélas, vice-président.

M. Merriam communique quelques notes sur la collection cypriote de New-York. Il attire l'attention sur les restes d'un groupe représentant Héraclès, l'Hydre et le Crabe. Ce groupe est unique par ce détail particulier que le crabe est représenté saisissant le talon d'Héraclès. C'est ainsi qu'il est décrit dans les sources littéraires; mais il ne se trouve nulle part ailleurs dans les monuments de l'art, du moins à la connaissance de M. Merriam. Le conférencier montre la représentation d'un second groupe de la même collection. Il fait quelques observations sur les rapports qui existent entre la sculpture cypriote et celle de la Grèce et de l'Asie mineure au VIe siècle.

M. Percival ajoute quelques remarques sur les influences égyptiennes dans l'art cypriote.

M. Reinach désirerait connaître les limites topographiques entre les monuments cypriotes d'origine orientale et ceux qui sont purement grecs.

M. Nicole dit quelques mots sur les papyrus de Genève. Ils proviennent surtout du Fayoum et contiennent des actes datés du nome arsinoïte. Une des plus anciennes pièces est le fragment d'Homère (publié dans la *Revue de Philologie*) remontant au IIe siècle avant J.-C., au jugement de M. Kenyon. La période antonine est représentée par un grand nombre de pièces; les actes byzantins sont rares. Ces pièces offrent une grande variété quant au contenu et à l'écriture. Les textes classiques sont représentés par un grand nombre de fragments homériques. Un fragment de l'Odyssée et le fragment de l'Iliade déjà cité (XIe et XIIe chants), présentent de grands écarts avec le texte reçu; sur 83 vers, 13 ne se trouvaient nulle part. Il y a aussi d'autres fragments littéraires. En fait de textes historiques, il en est en latin et en grec; ce sont notamment des lettres de fonctionnaires. La collection comprend des actes forts importants pour la connaissance de l'administration et des institutions égyptiennes; ils nous initient à des détails piquants sur les us et coutumes du pays, notamment sur les noms propres donnés aux animaux domestiques: ce sont parfois, comme en Italie, les premiers mots d'une chanson. La correspondance privée tient enfin une grande place. Ces papyrus, acquis, grâce à des dons particuliers, par la Ville de Genève, promettent des révélations pleines d'intérêt, car ils n'ont pas été encore tous déchiffrés et n'ont pas dit tout leur secret.

M. Bikélas félicite M. Nicole de sa communication et du soin qu'il a pris de procurer cette collection à Genève.

Après quelques mots prononcés par MM. Reinach et Krumbacher sur cette communication, la section discute le champ d'études qui lui est réservé. Elle propose de prendre pour titre *La Grèce dans ses rapports avec l'Orient*.

Puis la clôture de la session est prononcée.

SECTION VII.

Géographie et Ethnographie Orientales.

Séance du mardi 4 septembre, à 2 heures.

Présidence de M. Vambéry, président.

M. le président, après avoir souhaité la bienvenue aux membres présents et remercié ceux qui l'ont appelé à l'honneur de présider cette section, propose de compléter le bureau en désignant les noms suivants:

Vice-présidents: S. A. le prince Roland Bonaparte.

M. de Claparède.

Secrétaires: M. Henri Welter.

M. Michel Holban.

Ces nominations ayant été ratifiées par la section, M. le président présente quelques écrits en langue russe, offerts au bureau par les auteurs:

de M. Chachanow: *Documents géorgiens*. Moscou 1893. — *Légendes géorgiennes ou groussiniennes*. Moscou 1892. — *Documents originaux ou sources de l'introduction du christianisme en Géorgie*, Moscou 1893. — *Revue ethnographique de Moscou*. 1893—94,

de M. Michailowski: *Esquisse d'ethnographie comparée sur le chamanisme*.

de M. Gitezki: *Détails sur la vie des Kalmouks des environs d'Astrakan.*

M. Cordier lit une notice de M. Charles Maunoir sur la vie, les voyages et les travaux géographiques de Jean Louis Dutreuil de Rhins, qui fut assassiné le 5 juin dernier à Tan Bouddah, sur le Yang-tsé-Kiang, en sortant du Tibet pour entrer en Chine, au moment où il achevait heureusement une longue et périlleuse exploration. M. le président rend hommage aux grandes qualités et à la vaillance infatigable du voyageur français, si bien mises en lumière par M. Maunoir, et déplore sa mort prématurée, en souhaitant que le monde savant ne reste point frustré des fruits de ses recherches et de ses observations dans les parties les moins connues du Turkestan chinois. M. Maunoir ajoute que, d'après une récente communication faite au Ministère français par le Gouvernement de Pékin, celui-ci fera tous ses efforts pour recueillir les papiers et les effets de Dutreuil de Rhins, et les remettre à M. Grenard, le compagnon de voyage du malheureux explorateur.

La séance est levée à 3 heures et demie.

Séance mercredi du 5 septembre, à 1 heure trois quarts.

Présidence de M. Vambéry, président.

Lecture du procès-verbal de la séance précédente, lequel est adopté.

M. de Claparède lit un mémoire de M. Chachanow sur les influences étrangères dans la civilisation de la Géorgie.

M. de Horowitz fait un discours sur l'histoire et l'état actuel des musulmans dans la Bosnie, sujet que l'auteur se propose de traiter par écrit d'une manière plus complète.

Ces communications sont suivies d'une discussion, ouverte par M. Kiamil Bey, sur certains côtés du rôle politique ou social de l'islamisme, à laquelle prennent part MM. Vambéry, de Horowitz, Hoffmann et Moser.

La séance est levée à 3 heures.

Séance du vendredi 7 septembre, à 9 heures.

Présidence de M. Vambéry, président.

Lecture du procès-verbal de la séance précédente, qui est approuvé.

M. Moser présente son volume *L'irrigation en Asie centrale. Étude géographique et économique.* Paris 1894.

L'auteur donne une explication sommaire du plan de son livre et du contenu de ses principaux chapitres. M. le président souligne l'intérêt de cet ouvrage, qui décrit si bien la géographie physique de cette vaste région et qui montre l'influence de l'abandon et de la reprise des travaux d'irrigation sur sa situation économique ancienne et actuelle.

M. de Maulde présente au nom de l'auteur, M. Charles Schefer, le *Mémoire historique sur l'ambassade de France à Constantinople,* par le marquis de Bonnac, publié avec un précis de ses négociations à la Porte Ottomanne. Paris 1894. M. de Maulde signale les qualités de cet ouvrage et fait quelques remarques piquantes sur le rôle joué à Constantinople par les ambassadeurs français du XVIIIe siècle.

M. Benloew fait une communication sur les noms terminés en *anda* (désinence albanaise) de diverses localités situées près de Trébizonde, signalés par le général Strecker en 1869.

M. le président remercie l'auteur de ce savant travail, qui présente une foule d'aperçus ingénieux d'un caractère historique et linguistique. Il le félicite d'avoir évité les conjectures hasardées auxquelles les érudits se laissent souvent entraîner dans l'interprétation des noms propres géographiques.

La séance est levée à 10 heures et demie.

Séance du samedi 8 septembre, à 1 heure trois quarts.

Présidence de M. de Claparède, vice-président.

Lecture du procès-verbal de la dernière séance, qui est approuvé.

M. Benloew parle de la nationalité des Troyens. L'auteur s'appuie surtout sur des recherches étymologiques relatives aux noms géographiques de la Troade et de certaines parties de la

Grèce et de l'Albanie. Suivant lui, les Troyens auraient été les descendants d'une ancienne colonie venue de la Grèce, peuplade composée de Pélasges et de Sémites.

Cette communication avait attiré plusieurs savants, membres d'autres sections, notamment MM. Jules Oppert et Nicole. Il s'en suivit une discussion entre MM. Oppert et Benloew, portant principalement sur la race énigmatique des Pélasges et des Léléges, sur la valeur de la similitude des noms de Τροία et de Τροιζήν (Trézène), sur la quantité et l'importance des mots grecs d'origine sémitique et non aryenne, etc.

M. Oppert remarque en particulier qu'il est au moins hasardé de prétendre fonder une étymologie sur l'assimilation d'un nom moderne avec un nom antique dont la véritable forme ne nous est pas même connue. Hérodote déclare qu'il ne sait pas exactement quelle langue parlaient les Pélasges. M. Oppert avoue qu'il n'en sait pas plus qu'Hérodote à cet égard. Quant aux Albanais, on ne connaît ni leur origine ni celle de leur langue et il faut se défier des étymologies qui ne reposent pas sur un fondement scientifique. En terminant, M. Oppert félicite M. Benloew d'avoir abandonné les étymologies sémitiques qu'il soutenait jadis dans son travail sur les Sémites à Ilion.

M. de Claparède remercie MM. Benloew et Oppert, et fait ressortir l'intérêt de ces recherches. Elles prouvent une fois de plus que la branche de la géographie à laquelle est consacrée la section VII du Congrès touche plus ou moins à toutes les autres sciences, historiques, morales et politiques, mathématiques, physiques et naturelles. Puis il rappelle aux congressistes présents la très curieuse exposition de 3668 dessins, gravures, photographies et peintures du Japon, organisée à l'Athénée, dans la salle de la Société de géographie, par les soins de M. François Turrettini.

La séance est levée à 2 heures trois quarts.

Séance du lundi 10 septembre, à 9 heures et demie.

Présidence de M. Vambéry, président.

Lecture du procès-verbal de la dernière séance, qui est adopté. M. le président donne lecture d'une lettre du prince

Roland Bonaparte, lequel, ayant dû quitter Genève, ne pourra pas présider la séance d'aujourd'hui, comme il était convenu.

Distribution d'un opuscule du Dr. Robert N. Cust, intitulé *Essai sur les anciennes religions du monde avant l'ère chrétienne.*

M. le prince Wiasemsky fait deux communications. La première a trait aux observations météorologiques qu'il a faites durant un voyage de deux ans et demi, à cheval, au travers de toute l'Asie. Parti de la Mongolie, l'explorateur a passé par la Chine, le Tonkin, le Siam, la Cochinchine, le Laos, la Birmanie, l'Indoustan, le Kachmir, le Tibet, les Turkestan chinois et russe, Samarcande, Boukhara, Téhéran et Tiflis. Ses observations portent notamment sur la situation des principales lignes isothermiques, sur les plantes qui caractérisent certaines d'entre elles et sur la recherche des causes qui en déterminent le degré de température.

Puis l'orateur parle de l'origine et des procédés de l'usage du thé chez les divers peuples de l'Asie.

Ces deux discours, appuyés par des notes très précises, sont écoutés avec le plus vif intérêt par une nombreuse assistance. M. le président félicite l'intrépide voyageur d'avoir su accomplir heureusement une si vaste expédition. A propos du thé, M. Vambéry rappelle certaines données historiques, qui attribuent à des bouddhistes de l'Inde l'introduction en Chine de la plante et de l'infusion de ses feuilles. Il cite aussi, de sa propre expérience, divers modes de consommation des feuilles de thé chez quelques peuplades de l'Asie centrale.

M. de Claparède fait part de ses propres observations sur la culture et les qualités du thé du Japon, espèce fort estimée, non seulement dans ce pays, mais aussi aux États-Unis.

MM. de Rosthorn, Thornton, Welter-Crot et le prince Wiasemsky font diverses remarques à ce sujet.

M. Mégaverian fait une communication sur les vestiges des pratiques du mariage par achat et par rapt chez les Arméniens modernes. Son mémoire révèle des faits curieux au point de vue social religieux et donne lieu à des observations intéressantes de M. le président, de M. Kiamil Bey et du prince Wiasemsky.

Séance du mardi 11 septembre, à 9 heures et demie.

Présidence de M. Vambéry, président.

Lecture du procès-verbal de la séance précédente, qui est approuvé.

M. de Rosthorn lit son mémoire sur les tribus habitant les frontières du Tibet oriental et reçoit les compliments du président pour cet intéressant travail.

M. Cordier fait remarquer que plusieurs des assertions de Marco Polo se trouvent confirmées par les observations de M. de Rosthorn. M. Welter-Crot félicite l'orateur d'avoir fait précéder ses considérations ethnologiques d'un aperçu très clair de la géographie physique et de la climatologie de ces régions.

M. Cordier présente la photographie de deux cartes des îles du Japon et de la péninsule de la Corée, tirées d'un petit atlas coréen-chinois récemment acquis par le Musée britannique, qui remonte à environ 150 ans et dont il se propose de publier une description complète.

M. Benloew lit un mémoire sur les origines et les langues des populations du Caucase. M. le président fait ressortir la valeur de ces recherches sur une région qui, ethnologiquement, est une des plus énigmatiques du monde entier. M. Regnaud insiste sur l'incertitude des étymologies géographiques dans lesquelles, trop souvent, on tient moins compte de l'accord significatif que de l'accord phonétique.

La session, arrivée à son terme, est close par une allocution de M. le président. Après avoir félicité et remercié les auteurs des communications présentées à la section, il ajoute que celle-ci, de création nouvelle dans le Congrès des orientalistes, vient de faire brillamment ses preuves. Il souhaite que dans les Congrès futurs, à l'instar de celui de Genève, il y ait toujours une section de Géographie et d'Ethnographie.

Quelques paroles sont encore prononcées par MM. de Claparède et Holban, et la séance est levée à 11 heures.

SÉANCE EXTRAORDINAIRE.

Mardi 11 septembre, à 2 heures.

La Commission consultative, les bureaux des sections et les délégués des divers Gouvernements ont été convoqués en séance extraordinaire.

M. Naville, président du Congrès, ouvre la séance à 2 heures. Il annonce que, par une invitation que M. Schefer a été chargé de lui transmettre, le Ministère de l'Instruction publique et des Beaux-Arts de la République Française prie le Congrès de choisir Paris comme siège de la prochaine session, en fixant la date de cette session à l'année 1897.

M. Naville informe l'assemblée qu'il a reçu d'autre part, par l'intermédiaire de MM. Haupt, Gottheil et Jackson, une invitation de la Société orientale américaine, demandant que le Congrès tienne sa prochaine session dans une ville des États-Unis, à une date qu'elle laisse au choix du Congrès réuni à Genève.

M. Naville, se faisant l'interprète des assistants, exprime les remerciements du Congrès pour ces deux invitations. Il fait ressortir les raisons qui, dans les circonstances actuelles, militent en faveur de l'invitation adressée par la France. Il prie en conséquence MM. les représentants de la Société orientale américaine de consentir à l'ajournement de leur invitation.

M. Karabacek, délégué du Ministère de l'Instruction publique et des Cultes d'Autriche, rappelle que le Congrès de 1892, sur une invitation de S. M. le Roi de Roumanie, avait émis le vœu que le XIᵉ Congrès se réunit à Bucarest. Il demande à titre de renseignement si cette invitation a été maintenue.

M. le président, répondant au précédent orateur, annonce que S. M. le Roi de Roumanie, en raison de la réunion prochaine d'un Congrès d'anthropologie à Bucarest, avait fait savoir qu'il se désistait.

La résolution suivante est alors proposée à l'assemblée par M. le président et votée à l'unanimité:

„M. Schefer ayant proposé, avec l'agrément du Ministère de l'Instruction publique et des Beaux-Arts, que le prochain Congrès des orientalistes se réunisse à Paris en 1897, le Congrès accepte avec reconnaissance l'invitation de la France et est heureux de voir le Congrès revenir à la ville où il a pris naissance en 1873.

„Par conséquent l'organisation du futur Congrès, la composition du Comité et le choix du président sont remis à la France, représentée par les délégués du Gouvernement.

„Le Congrès exprime le vœu qu'à cette occasion, le Comité du futur Congrès apporte à la constitution et à la forme du Congrès les modifications qui lui paraîtront dictées par l'expérience des sessions précédentes.

„Le Congrès remercie également Messieurs les délégués de la Société orientale américaine de l'invitation qu'ils ont apportée au Congrès à se réunir en Amérique et de ce qu'ils ont consenti à ce que l'acceptation en fût différée jusqu'après le Congrès de Paris."

Après quelques paroles de M. Jules Oppert, exprimant sa satisfaction de voir que la question d'une révision des statuts fût mentionnée dans la résolution, la séance est levée à 2 heures et quart.

SÉANCE DE CLÔTURE

———

Présidence de M. Naville, président du Congrès.

La parole est donnée à M. Maspero, qui, en termes émus, annonce à l'assemblée la mort de Henri Brugsch, le célèbre égyptologue allemand. Le Congrès décide d'envoyer à la famille du défunt l'expression de sa profonde sympathie.

Le président donne lecture des décisions suivantes, prises par le Congrès dans ses diverses sections:

1° La Commission de transcription nommée dans la séance d'ouverture ayant présenté son rapport, le système de transcription qu'il propose sera publié dans les Actes du Congrès et recommandé à l'adoption des orientalistes.

2° The Trustees of the Indian Museum at Calcutta be thanked in the name of the Congress for the efforts which they are making for the preparation of casts of the Açoka inscriptions, and the Government of India and (through the Government) the native states of India be addressed on the subject, and urged in the name of the Congress to take measures for the protection of these inscriptions, and for the preparation of casts as suggested by the Trustees of the Indian Museum.

3° M. Goldziher rappelle la proposition faite et adoptée au Congrès de Londres, au sujet de la publication d'une encyelopédie musulmane traitant de l'histoire, de la géographie, de la religion, des sciences et des arts des pays musulmans.

Comme la haute importance de cette publication ne saurait échapper à personne, M. Goldziher propose de mettre à la tête du Comité désigné à Londres M. de Goeje, en remplacement du regretté président M. Robertson Smith. M. de Goeje ayant déclaré que les circonstances l'empêchaient d'accepter cette nomination, la section III prie M. Goldziher de prendre cette affaire en main et de l'organiser. Le Congrès ratifie la résolution de la section III et émet le vœu que cette entreprise importante soit menée à bonne fin.

4° Le X⁰ Congrès des orientalistes réuni à Genève croit remplir un devoir auquel il ne saurait se soustraire en appelant toute la sollicitude du Gouvernement de S. A. le Khédive sur ce fait que la conservation des édifices de l'île de Philæ, monuments uniques pour leur beauté et leur intérêt scientifique, est subordonnée à l'établissement du barrage d'Assouan.

Le Congrès des orientalistes, qui compte dans son sein les plus hautes autorités scientifiques de l'Europe et du Nouveau-Monde, apprendrait avec reconnaissance que les vœux émis par tous les corps savants et par lui ont été favorablement accueillis et que ces temples, menacés par l'établissement d'un barrage, échapperont à la destruction qui en serait la conséquence.

5° La section VI (Grèce et Orient) exprime ses remerciements pour la place qui lui a été attribuée au X⁰ Congrès des orientalistes. Elle demande à être maintenue dans les Congrès à venir. Afin de fixer d'une façon précise et durable son champ d'études, qui embrasse les rapports de la Grèce avec l'Orient depuis l'antiquité jusqu'à nos jours, elle demande à figurer désormais au programme sous ce titre: La Grèce dans ses rapports avec l'Orient.

6° Der X. Congress der Orientalisten in Genf erkennt in der von Herrn August Müller begründeten *Orientalischen Bibliographie* ein wichtiges Hilfsmittel für die gesammte orientalische Philologie, von durchaus internationalem Charakter, und empfiehlt dieselbe auf das angelegentlichste der Aufmerksamkeit der Fachgenossen.

M. Naville rappelle que dans une séance de la Commission consultative tenue la veille, il a été décidé que la prochaine session du Congrès aurait lieu à Paris en 1897. L'assemblée, par acclamation, approuve la décision prise.

M. le président donne ensuite la parole à M. Martin, recteur de l'Université, qui prononce les paroles suivantes:

Mesdames et Messieurs,

L'édifice dans lequel nous nous trouvons réunis vient de traverser une période d'animation extraordinaire: au lieu du calme et de la tranquillité des vacances, partout, dans les amphithéâtres, dans les auditoires, jusque dans les corridors, c'était la vie intellectuelle coulant à pleins bords et se manifestant parfois d'une manière quelque peu insolite; ainsi on parlait sanscrit et chinois dans la faculté de droit, et les murs de la salle où l'on enseigne les sciences naturelles retentissaient des accents de la langue hébraïque.

Maintenant, hélas! le silence va régner de nouveau dans cette enceinte, au moins pour quelques semaines. Mais auparavant, il faut que de cette Université sorte une voix pour vous exprimer les sentiments de joie et de respect avec lesquels les professeurs de Genève ont accueilli votre arrivée et votre présence.

Vous connaissez actuellement la maison de l'École, ou plutôt l'une des maisons de l'École. Permettez-moi de vous présenter l'École elle-même.

C'est en 1559 que, sous l'influence de Jean Calvin, a été fondée l'Académie de Genève. Elle ne comprenait que cinq chaires: deux de théologie, une d'hébreu, une de grec et une dite des arts. Vous voyez que déjà l'orientalisme se faisait sa place.

Mais les temps étaient singulièrement difficiles. La petite République, que l'on a appelée justement la Ville du Refuge, était environnée d'ennemis acharnés. Malgré tous ces dangers, elle est restée debout, comme un rocher battu par la tempête, et le flambeau qui a été allumé il y a plus de trois siècles ne s'est jamais éteint.

De nos jours, l'Académie a été transformée en Université,

dont les cinq facultés prospèrent. Le peuple de Genève fait, pour la développer, de très grands sacrifices; il sait qu'une nation, grande ou petite, et surtout une nation petite, ne vit pas de pain seulement, c'est-à-dire d'industrie et de commerce, mais aussi d'énergies intellectuelles et morales.

Quelques-uns d'entre vous ont peut-être remarqué les constructions qu'on a élevées dans le lit du Rhône pour procurer à nos travailleurs une force motrice abondante. Dans le domaine de l'esprit, les forces motrices ne sont pas moins indispensables. L'instruction supérieure doit jouer ce rôle, avec d'autres éléments. Elle produit le mouvement des idées, sans lequel l'humanité s'endormirait et s'affaisserait dans une atmosphère aussi pesante qu'obscure.

Mais élevons-nous plus haut encore; considérons la science à un point de vue plus large que le point de vue purement national. La science ne rapproche-t-elle pas, en effet, les hommes et les peuples? N'est-elle pas un antidote qui agit puissamment contre le poison des haines et des discordes que distille le fanatisme?

Vous êtes venus ici de toutes les parties du monde et vous avez travaillé ensemble dans la paix. Aucune douane n'a pu arrêter à la frontière les produits immatériels que vous avez importés dans notre pays, et vous avez eu le loisir d'interroger, de regarder, d'examiner, sans être suspects d'espionnage; car la science n'a rien à cacher, et les Universités sont des forteresses qui ne demandent qu'à être visitées par les étrangers.

A ce propos, vous avez, sauf erreur, entendu parler de l'initiative qu'ont prise des hommes appartenant à des nationalités diverses. Ils ont pensé qu'il serait utile de développer les relations entre les diverses Universités et de faciliter les études supérieures à l'étranger. Ils ont conçu le plan d'une alliance universitaire internationale, et ils ont bien voulu placer provisoirement dans notre ville le centre de l'activité nécessaire pour atteindre leur but.

Je n'ai pas la prétention, cela va sans dire, de vous indiquer ici le détail de cette institution, qui est encore à créer. Je demande seulement à Messieurs les professeurs qui me font l'honneur de m'écouter, de bien vouloir accueillir avec sympathie l'appel qui a dû être adressé à toutes les Universités.

Mesdames et Messieurs, vous allez, malheureusement, nous quitter. Quelle impression rapporterez-vous dans vos foyers de votre séjour à Genève? Garderez-vous seulement le souvenir d'une ville de moyenne grandeur, située à l'extrémité d'un beau lac; d'une ville où il ne fait pas toujours un temps magnifique, d'où l'on aperçoit le Mont-Blanc souvent, sans doute, mais pas aussi souvent qu'on le voudrait? J'espère que Genève sera pour vous autre chose et mieux que cela: une vieille cité historique, jalouse de son indépendance, mais une cité sincèrement hospitalière à tous ceux qui ont le culte désintéressé de la science et de la vérité.

Messieurs, l'Université de Genève vous dit: Au revoir!

La parole est ensuite donnée à M. Regnaud, recteur de l'Académie de Lyon; il invite les membres du Congrès à assister aux fêtes qui auront lieu à Lyon à partir du 28 octobre, à l'occasion de l'inauguration de la statue de Claude Bernard et des nouveaux bâtiments universitaires. „La réception, ajoute-t-il, ne sera pas aussi brillante que celle dont vous venez d'être l'objet: un terrible événement, que je n'ai pas besoin de désigner autrement, est de nature à nuire à l'éclat de cette solennité. Mais je vous promets une cordialité à la hauteur de celle que vous rencontrez ici. Notre fête est internationale, et nous saurons justifier ce titre. Elle réalisera l'idéal de la confraternité des savants, forme anticipée de la fraternité des peuples. Je vous dis donc: Au revoir à Lyon".

M. Naville, président du Congrès, prononce ensuite le discours suivant:

Mesdames et Messieurs,

Permettez que celui qui a eu l'honneur de vous présider vous adresse encore quelques paroles. Le voilà donc fini, ce Congrès que nous avons tant désiré, et que nous ouvrions il y a peu de jours non sans quelque appréhension de nous trouver trop au-dessous de la tâche que nous nous étions donnée, et de reconnaître que nous avions visé bien au-dessus de ce que nous pouvions atteindre. Si maintenant ce sentiment s'est évanoui, s'il a fait place à une satisfaction réelle et à des souvenirs qui nous accompagneront toute notre vie, nous voudrions vous en attribuer tout l'honneur. Vous nous avez d'emblée si bien mis à l'aise, vous nous avez témoigné si aimablement et à tant de reprises que vous vous trouviez bien chez nous, que vraiment ce serait peu gracieux de notre part de ne pas croire qu'il en est ainsi. Je vous parlais naguère de notre petitesse à laquelle nous n'avions pas pensé, mais il me semble que vous avez réussi à l'oublier encore mieux que nous-mêmes, vous avez mis la plus grande délicatesse à ne jamais vous en apercevoir. On pourrait même craindre que nous n'en concevions quelque orgueil, que, grisés par l'honneur que vous nous avez fait en venant en si grand nombre dans notre cité, nous ne nous écartions un peu de la modestie dont nous ne devrions pas nous départir. S'il en est ainsi, Messieurs, ne vous en prenez qu'à vous-mêmes. Mais rassurez-vous, je crois que ce danger n'existe pas; quand dans quelques heures vous vous serez dispersés aux quatre points de l'horizon d'où vous êtes venus, et que les huit signataires de l'invitation se trouveront les uns en face des autres, ils se verront aussi petits que le premier jour. Cependant, grâce à vous, ils auront beaucoup gagné; ils auront amassé une ample moisson de souvenirs et d'encouragements qui seront pour eux une force réelle lorsqu'ils se remettront à l'ouvrage.

Je ne songe pas à rappeler ici les nombreux travaux qui ont été présentés dans les diverses sections. Il n'y a pas eu disette à cet égard; plusieurs sections même ont eu peine à épuiser leur ordre du jour. Mentionnons seulement les deux nouvelles: la section de Philologie et celle de Grèce et Orient; toutes deux ont entendu des mémoires ou communications de grande importance. On peut dire que ces deux sections, passez-moi l'expression, ont gagné leurs éperons, et il est certain qu'elles seront maintenues dans les Congrès futurs.

Mais pour moi, vous le savez, Messieurs, l'importance d'un Congrès réside moins dans les travaux qu'on y apporte, que dans la présence d'un grand nombre d'orientalistes et dans les rapports personnels qui s'établissent entre eux. A ce point de vue, le Congrès de Genève me paraît avoir répondu parfaitement au but de ce genre de réunion. Oui, Messieurs, nous sommes heureux de vous connaître comme nous vous connaissons maintenant; nous sommes heureux de penser que nous avons noué avec vous des relations d'amitié qui, sans aucun doute, feront sentir leur influence bienfaisante jusque sur nos travaux. Et ici je ne parle pas seulement de nous, je pense à ceux, ou mieux encore à celles qui ne sont pas des orientalistes. Dans bien des familles, père, mère et enfants se souviendront avec bonheur et non sans fierté, qu'on a vu tel homme illustre par ses voyages ou ses travaux; on a causé avec lui, on l'a peut-être reçu à sa table. Il était si aimable, si bienveillant, jamais on n'aurait pu croire que ce fût un si grand savant. Vous ne vous doutez pas, Messieurs, à combien de nos compatriotes vous avez fait plaisir en venant goûter de l'hospitalité genevoise, et combien d'amis vous laissez dans notre ville.

A quelque chose malheur est bon. Certainement, pendant ces quelques jours, les Hyades pluvieuses ont tenu plus que le soleil à nous rappeler leur existence; mais qui sait? S'il en eût été autrement, si le ciel nous avait souri, aurions-nous pu chaque matin vous demander de fermer les yeux à la nature et de rester insensibles aux charmes de notre lac et à l'attrait de nos montagnes? Et alors ce ne sont pas les séances seules qui en auraient souffert, mais, ce qui est plus grave, nous aurions trouvé plus de difficultés à vous retenir, nous aurions été moins bien réunis, et vous en voyez les conséquences. A tout prendre, c'est peut-être par intérêt pour nous que le soleil ne se montre dans sa splendeur que le jour du départ.

Un mot encore. Vous venez d'entendre que c'est la capitale de la France qui nous convie à tenir notre prochaine réunion au sein des ressources scientifiques immenses dont elle dispose. Nous remercions vivement les représentants de la France de cette proposition qui ne pouvait qu'être accueillie avec enthousiasme, et nous vous disons au revoir dans les murs de la grande ville. Mais à ce sujet, laissez-nous encore vous présenter une requête; que les splendeurs de la grande capitale ne vous fassent pas oublier la petite ville des bords du Léman, car pour celle-ci, elle ne vous oubliera pas!

M. Karabacek[1], délégué de l'Autriche-Hongrie, lit un

---

[1] Nous regrettons de ne pouvoir reproduire in extenso les discours de MM. Karabacek, Kiamil-bey et Toy; le texte ne nous en pas été communiqué.

télégramme de félicitations, adressé au Congrès par son S. A. I.
l'archiduc Rénier, qui s'intéresse aux études orientales et a
beaucoup fait pour leur développement.

M. Kiamil Bey, délégué du sultan, rappelle que l'Orient a
été le berceau de la civilisation et émet le vœu que l'orientalisme
contribue pour sa part à amener le règne de la paix entre les
nations.

La parole est ensuite donnée à M. Tiele, délégué de la
Hollande :

> Monsieur le président d'honneur,
> Monsieur le président et Messieurs les membres
> du Congrès,
> Mesdames et Messieurs,

S'il m'est permis de dire quelques mots au nom de la
Hollande et de mes collègues et amis, ses représentants relativement nombreux parmi vous, il faut que je commence par
remercier M. le président Naville des paroles gracieuses de son
discours d'ouverture, dans lesquelles il a fait mention du Congrès de Leide et des savants qui composaient alors le Comité
d'organisation, paroles qui nous ont vivement touchés. En effet,
les études orientales n'ont jamais été négligées dans notre pays.
Elles y sont florissantes depuis trois siècles et nous tâchons de
maintenir la tradition de nos pères, en suivant les exemples de
zèle et de recherches sérieuses qu'ils nous ont donnés, toutefois
en appliquant à ces recherches la méthode critique de la science
moderne. Ce ne sont pas seulement des raisons pratiques qui
nous forcent à diriger notre attention vers l'Orient, je veux
dire l'intérêt de nos colonies étendues: nous aimons ces études
pour elles-mêmes, sachant que les sciences historiques et philologiques, surtout la philologie et la théologie comparées, ne
sauraient être complètes, ne pourraient vivre même sans la
lumière qui leur vient de l'Orient. Sans doute, la Suisse ne
possède pas de colonies, et la raison politique de s'occuper des
langues orientales vivantes lui manque. Mais les sciences bibliques, philologiques et historiques ont toujours trouvé parmi ses
savants des maîtres éminents et heureux. Aussi M. le président
me pardonnera-t-il, si je confesse qu'à mon avis il a été trop

modeste et qu'il a trop insisté sur l'infériorité de Genève à cet égard. Je ne veux pas énumérer les hommes compétents qui s'occupent ici de ces matières et qui font honneur à l'Université justement célèbre de cette belle ville. Je n'en nommerai qu'un seul, et j'ose dire, sans craindre que vous me refusiez votre appui, qu'un orientaliste comme M. Naville en vaut une douzaine d'autres.

Permettez-moi donc, Messieurs nos hôtes, de vous porter un salut fraternel au nom de vos collaborateurs hollandais, mes compatriotes! Nos pays forment des contrastes marqués. A en juger par ce que nous avons éprouvé la semaine dernière, nous n'avons en commun que les pluies abondantes. Si la nature d'un pays à elle seule déterminait le caractère de ses populations, combien les habitants de ce pays de montagnes devraient différer de ceux qui se trouvent entourés de plaines ininterrompues! Mais je pense au contraire que nos peuples se ressemblent. Ici comme là-bas, la prépondérance de la religion réformée, la simplicité des mœurs, l'amour de la liberté et de l'indépendance et une certaine persévérance pour atteindre le but que nous nous proposons. Quoiqu'il en soit, Messieurs, soyez assurés que, comme tous ceux qui se sont réunis ici dans un intérêt commun, nous nous sommes trouvés complètement chez nous parmi vous, et acceptez nos remerciments chaleureux pour le splendide accueil que vous nous avez préparé.

Oui, c'est une hospitalité vraiment orientale que vous nous avez montrée. Si je pense à cette série de fêtes magnifiques, tantôt dans un palais enchanté, tantôt dans les campagnes riantes qui bordent votre beau lac, à ces parcs qui s'illuminaient, à ces tables couvertes de choses excellentes et qui se dressaient on ne sait comment; quand je pense à toutes les difficultés que vous aviez à vaincre, disons plutôt à ces forces ennemies contre lesquelles vous aviez à lutter; — car les génies malfaisants de toute l'Asie et de l'Égypte s'étaient réunis contre vous: le terrible Anu avait envoyé ses sept utuks mauvais, les Asuras s'étaient alliés aux Drujas, Ahriman à Apap; ils ont caché le soleil, ils ont enveloppé la cime du Mont-Blanc de leurs nuages, ils ont tâché de nous noyer dans un nouveau déluge, ou peut-être les Dévas jaloux ont craint la science effrayante de tous ces sages réunis et se sont efforcés de briser leur puissance — quand je pense que, malgré tout, vous n'avez pas perdu courage, que les génies envieux eux-mêmes ont enfin cessé de lutter, que le soleil s'est montré dans toute sa gloire, que le Mont-Blanc a fini par se découvrir en l'honneur de ces savants audacieux, je ne saurais expliquer cela, comme a tâché de le faire un orateur spirituel, par la fameuse hypothèse de Tartarin.

Non, Messieurs, il faut que vous soyez des mages vous-mêmes, des sorciers bienfaisants, et j'ose même affirmer que nous la connaissons, votre magie, car c'est celle du cœur qui opère par la bienveillance, la cordialité, la vraie humanité et une hospitalité sans bornes. Aussi je n'aurais pas été étonné, si cette proposition eût été faite et votée à l'unanimité: Dorénavant les Congrès internationaux des orientalistes se tiendront à Genève. Ce n'est que la crainte d'être indiscrets qui nous a retenus. Mais ce qui est bien certain, c'est que le Congrès de Genève comptera toujours parmi les plus beaux et qu' „on parlera de sa gloire".

M. Toy, délégué des États-Unis, remercie les organisateurs du Congrès de Genève; l'Amérique y a pris un intérêt particulier; isolée par sa position, elle désire d'autant plus ardemment le rapprochement des peuples par la science.

M. Holban, délégué de la Roumanie, clôt la série des allocutions par les paroles suivantes:

> Monsieur le président,
> Messieurs les membres du Comité,

A titre de délégué du Ministère de l'Instruction publique et des Cultes de Roumanie, je viens joindre mes vifs remerciements à ceux qui ont déjà été exprimés. Je viens vous remercier de l'accueil si cordial et si sympathique que vous nous avez fait. Cet accueil aura pour résultat de resserrer les liens d'amitié — j'allais dire d'affection — qui existent entre Genève, entre la Suisse et les pays que nous représentons.

Permettez-moi de vous dire, Messieurs, que j'ai eu l'honneur de tenir S. M. le roi de Roumanie, jour après jour, au courant de vos travaux, qu'elle a suivis avec le plus grand intérêt.

Sa Majesté, dans le télégramme qu'elle a bien voulu vous envoyer et que vous avez tous applaudi, souhaitait que les efforts du dixième Congrès apportassent de nouvelles lumières à la science. Ce vœu est devenu une réalité; vous l'avez constaté, Messieurs.

En vous réitérant l'expression de ma profonde gratitude, au nom du Gouvernement roumain et au mien, je terminerai par un souhait qui sera en même temps la seule preuve de reconnaissance que je sois capable de vous donner. Puisse le prochain Congrès des orientalistes, et tous les Congrès, réussir aussi bien, aussi complètement et parfaitement que celui auquel nous venons de prendre part!

M. le président lève la séance, et déclare clos le dixième Congrès des orientalistes.

FÊTES ET RÉCEPTIONS.

Ainsi que le disait le président du Congrès dans son discours d'ouverture, Genève ne songeait pas à rivaliser, en fait de fêtes et de réceptions, avec les grandes villes qui avant elle avaient eu l'honneur de recevoir les orientalistes. Ce que Genève peut offrir aux étrangers, c'est avant tout la beauté de sa situation et du pays qui l'environne, et même cette jouissance a été fort gâtée par le mauvais temps qui a régné du premier au dernier jour du Congrès.

Le Comité a été très reconnaissant aux autorités du Canton et de la Ville de Genève, de ce qu'elles ont bien voulu accorder aux membres du Congrès trois réceptions officielles. Deux fois, les mardi 4 et 11 septembre, les membres du Congrès ont été reçus en soirée par le Conseil administratif de la Ville de Genève au Palais Eynard, et le Conseil d'État a donné à environ 180 membres du Congrès un banquet officiel de clôture le mardi 11 septembre.

Le lundi 3 au soir, le Comité a invité les orientalistes qui venaient d'arriver, à une collation à l'hôtel National, afin que la veille de l'ouverture ils eussent l'occasion de se revoir ou de faire connaissance, et que les membres du Comité pussent leur souhaiter la bienvenue.

Le Comité désirait que le jeudi fût consacré à un tour du lac en bateau à vapeur; mais le temps étant mauvais, il a fallu y renoncer. A titre de compensation, le Comité de réception a improvisé un déjeuner au Palais Eynard, et la bonne humeur des participants est venue récompenser les efforts des organisateurs. Nous signalerons le spirituel discours de M. Max van Berchem et les toasts de M. le professeur Furrer à l'hospitalité genevoise, et de M. de Horowitz au Comité de réception. A 3 heures, le bateau *la France* a emporté les congressistes dans la direction d'Évian. Au retour, on a pu admirer l'illumination de la rade de Genève.

Sur les trois réceptions particulières, les deux premières

ont eu à souffrir du mauvais temps. Le mercredi après-midi, M. le président du Congrès et Madame Naville avaient invité le Congrès dans leur villa de Malagny. On s'y est transporté par train spécial. Il en a été de même le samedi, où le Congrès s'est rendu à l'aimable invitation de Mesdames van Berchem au château de Crans, et le lundi 10, chez M. et Mme Agénor Boissier, à Chougny.

Le banquet final du mardi 11, offert par le Conseil d'État du Canton de Genève, au foyer du théâtre, était présidé par M. Eugène Richard, président de Conseil d'État, et comptait plus de 180 convives. Au dessert, M. Richard a pris la parole pour exprimer l'espoir que la rencontre à Genève de tant de savants éminents créerait un mouvement intellectuel durable. La Suisse est toujours heureuse d'accorder l'hospitalité aux savants de tous les pays qui contribuent à la civilisation. Les autorités suisses s'intéressent tout particulièrement au progrès de la science.

Après des remerciements présentés par M. Naville aux autorités cantonales et municipales pour la gracieuse hospitalité qu'elles avaient accordée au Congrès, de nombreux toasts ont été prononcés, dans lesquels les savants étrangers ont fait entendre les paroles les plus aimables à l'adresse de la Suisse, de Genève, de ses autorités et de ses habitants, ainsi que des organisateurs du Congrès. Signalons le remarquable discours de M. Weber, et ceux de MM. Barbier de Meynard, Vambéry, Ascoli, Oppert, Sir Raymond West.

M. Blondel a apporté l'hommage du poète à la science et aux orientalistes.

Le comte de Landberg a donné lecture du télégramme suivant de S. M. le Roi de Suède:

Je vous prie de faire part au Congrès des orientalistes de mes vœux sympathiques et de mes félicitations sincères.

Roi Oscar.

Après le dîner, les invités se sont transportés au Palais Eynard, où une charmante réunion, convoquée par le Conseil administratif, a clos les réceptions officielles et privées, et où les membres du Congrès, qui devaient se disperser le lendemain, ont pu se serrer la main avant le départ.

LISTE DES OUVRAGES REÇUS.

PREMIÈRE LISTE.

De S. A. I. l'Archiduc Rénier:

1. Papyrus Erzherzog Rainer. Führer durch die Ausstellung (1894).
2. Corpus Papyrorum Raineri. Vol. I: Griechische Urkunden (1894). — Présentés par M. Karabacek.

Du Gouvernement de Madras:

South Indian inscriptions, ed. and transl. by E. Hultzsch. Vol. II, part II (1892).

Du Gouvernement de la Birmanie anglaise:

1. Temple. Notes on antiquities in Ramannadesa.
2. Oertel. Note on a tour in Burma.
3. Raikes. Deux rapports du 2 et du 12 juillet 1894 (s. t.).
4. Carter. Rapport du 28 mars 1894 (s. t.).
5. Porter. Report on the frontier affairs of the Upper Chindwin (1892—93).
6. George. Memorandum on the Kachins, etc.
7. The ministers of the Hlutdaw. On the testamentary law of the Burman buddhists.
8. Forchhammer. The Shwe Dagon pagoda.
9. Parker. Burma (1893).
10. Symington. Kachin vocabulary (1892).
11. Anderson. The Selungs of the Mergui archipelago (1890).
12. Needham. Grammar of the Khamti language (1894).
13. Haswell. Vocabulary of the Peguan language (1874).
14. Vocabulary of Barma, Malayu and Thai languages (1810).
15. Judson's Burmese-English dictionary (1893).

16. Notes on the languages and dialects spoken in British Burma (1884).
17. Jardine. Customary law of the Chin tribe (1884).
18. King Wagaru's Manu Dhammasattham (1892).
19. Census of India (1891). Burma report. 4 vol.

De S. A. le Mahárája de Kashmir et Jammu:

Quatre exemplaires du Catalogue of the Sanskrit manuscripts deposited at the Raghunatha temple, Jammu. Prepared by M. A. Stein (1894). — Présentée par M. Bühler.

De S. A. le Mahárája de Bhownagar:

A collection of Prakrit and Sanskrit inscriptions published by the Bhavnagar Archæological Department. — Présenté par M. Bhownaggree.

De l'Université de Cambridge:

1. Cecil Bendall. Catalogue of buddhist Sanskrit manuscripts (1883).
2. Cecil Bendall. A journey of literary and archæological research in Nepal and Northern India (1886).
3. Rob. L. Beasly. The Harklean version of the Epistle to the Hebrews (1889).
4. A. A. Bevan. A short commentary on the Book of Daniel (1892).
5. Edw. G. Browne. The Tarikh-i-Jadid, a new history of Mirza Alí Muhammad the Bab, translated from the Persian (1893).
6. E. G. Browne. A traveller's narrative written to illustrate the episode of the Bab. Text and translation. 2 vol. (1891).
7. E. A. W. Budge. The history of Alexander the Great being the Syriac version of the Pseudo-Callisthenes (1889).
8. E. A. W. Budge. A Catalogue of the Egyptian collection in the Fitzwilliam Museum (1893).
9. E. A. W. Budge. The mummy, chapters on Egyptian funeral archæology (1894).
10. E. B. Cowell and R. A. Neil. The Divyâvadâna (1886).

11. Charles M. Doughty. Travels in Arabia Deserta.
2 vol. (1888).
12. J. G. Keith Falconer. Kalilah and Dimnah, or the
fables of Bidpaï; english translation (1885).
13. Rev. Th. Jarrett. Nalopâkhyânam; new edition (1882).
14. Sir Alfred Lyall. Natural religion in India (1891).
15. E. H. Palmer. The poetical works of Beha ed Dîn
Zoheir, with a metrical translation. 2 vol. (1877).
16. John Peile. Notes on the Nalopâkhyânam (1881).
17. T. Preston. Catalogus Bibliothecæ Burckhardtianæ
(1853).
18. Dr. Schiller-Szinessy. Catalogue of the Hebrew
manuscripts preserved in the University. Vol. 1 (1876).
19. W. Robertson Smith. Kinship and marriage in
early Arabia (1885).
20. Texts and studies. Contributions to biblical and patristic
literature. Vol. I, 1. Vol. II, 2 (1892—93).
21. Daniel Wright. History of Nepâl, translated from
the Parbatiyâ (1877).
22. William Wright. Lectures on the comparative
grammar of the Semitic languages (1890).
23. William Wright. The Chronicle of Joshua the
Stylite, with translation and notes (1882).
Présentés par M. Bevan.

De la Johns Hopkins University à Baltimore:

Beiträge zur Assyriologie und vergleichenden semitischen
Sprachwissenschaft, hrsg. von Fr. Delitzsch und P. Haupt.
2 vol. (1890—94). — Présenté par M. Haupt.

De la Section orientale de la Société impériale
russe d'archéologie:

Mémoires. 8 vol. (1886—1894).

Du Comité de conservation des monuments de l'art
arabe:

Procès-verbaux des séances. Rapports de la deuxième commission. — Fascic. 1—9. Le Caire (1885—1892).

De la Société asiatique et de la Société de géographie de Paris:

    Ch. Huber. Journal d'un voyage en Arabie, 1883—84 (Paris 1891).

De la Société asiatique italienne:

    Giornale della Società asiatica italiana. Vol. VII (1893).
        Présenté par M. le comte Pullé.
        (Cette collection sera complétée plus tard).

De l'Oriental Club de Philadelphie:

    Oriental studies, a selection of papers read before the Oriental Club of Philadelphia (1888—1894).
        Présenté par M. Haupt.

Du Committee of the Trinitarian Bible Society:

    Ginsburg (Rev. Chr. D.). Massoretico-critical text of the Hebrew Bible. — Présenté par M. Bullinger.

De la Japan Society de Londres:

    Transactions and Proceedings of the Society. Vol. I (1892).
        Présenté par M. Diozy.

De la Société d'histoire et d'archéologie de Genève:

    Éd. Favre. Les études orientales à la Société d'histoire et d'archéologie de Genève, 1838—1894.

De la famille du professeur Dillmann:

    Dillmann (Aug.). Biblia Veteris Testamenti aethiopica. Tome V (avec portrait et notice) 1894.
        Présenté par M. Sachau.

De M. Édouard Naville:

    The festival-hall of Osorkon II, by Ed. Naville.
    Ahnas el Medineh, by Ed. Naville and T. H. Lewis.
    The Tomb of Paheri, by J. J. Tylor and F. L. Griffith. 2 vol. (Egypt Exploration Fund).

De M. Émile Guimet:

    Amélineau. Histoire des monastères de la Basse-Égypte (1894).
    Strehly. Les lois de Manou traduites du sanscrit (1893).

Revue de l'histoire des religions, tome 29.
Bouinais et Paulus. Le culte des morts dans le Céleste
    Empire et l'Annam (1894).

De M. Paul Haupt:
The Sacred Books of the Old Testament. Critical edition of
    the Hebrew text, printed in colors. Part 3: Leviticus,
    by S. R. Driver and H. A. White (1894).

De M. J. de Morgan:
Catalogue des monuments et inscriptions de l'Égypte antique.
    1re série: Haute-Égypte.
        Tome Ier: De la frontière de Nubie à Kom Ombos (1894).

De Mesdames A. Smith Lewis et M. Dunlop Gibson:
Studia Sinaitica, I—IV. 4 vol. (1894).

De M. le grand-rabbin Simonsen:
Haphtaroth, par Abr. Alex. Wolff (1894).

De Mademoiselle Bertin, en souvenir de son frère:
G. Bertin. The populations of the fatherland of Abraham
    (1893).

De M. Ernst Leumann:
Klatt (Joh.). The Samachari-satakam of Samayasundara
    (1894.)

De M. Eb. Nestle.
La dernière feuille de la Bibliotheca syriaca de Paul de
    Lagarde (non mise dans le commerce).

Des éditeurs MM. Luzac and Co.:
Tiele (C. P.). Western Asia according to the most recent
    discoveries; translated by Eliz. Taylor.
Gray (James). Jinâlankâra or embellishments of Buddha
    by Buddharakkhita (1894).
Johnson (Capt. F. E.) The seven poems suspended in
    the temple at Mecca; translated from the Arabic (1894).
Margoliouth (D. S.). Chrestomathia Baidawiana (the
    commentary of El Baidawi on sura III).

Barone (Giuseppe).

Z'Jen z'Wen, seu de mille verborum libro (1882).

Le bâton du muet, conte traduit du chinois (1883).

Η Καταστροφη τας Casamicciola (1883).

Une épouse mourante à son époux, sonnet de Tebaldeo, traduit en persan; 2ᵉ éd. (1885).

Vita, precursori ed opere del P. Paolino da S. Bartolommeo (1888).

Strenna per il 1892 (1892).

Baumgartner (Alexander, S. J.).

Das Râmâyana und die Râma-Literatur der Inder (1894).

Baye (baron J. de).

Le Congrès international des orientalistes à Stockholm (1889).

Beauregard (Ollivier).

La caricature égyptienne historique, politique et morale (1894).

Berchem (Max van).

Matériaux pour un Corpus Inscriptionum Arabicarum. 1ʳᵉ partie: Égypte. — Fasc. Iᵉʳ: Le Caire (1894).

Brandstetter (Renward).

Malaio-Polynesische Forschungen.

II. Die Beziehungen des Malagasy zum Malaiischen.

III. Die Geschichte von Hang Tuwah (1893-94).

Cotteau (Edmond).

Six semaines sur le Nil (1894).

Cust (R. N.).

Essay on the ancient religions of the world before the great anno Domini (1894). *(en nombre)*.

Essai sur les progrès de la philologie africaine jusqu'à l'année 1893 (1894). *(en nombre)*.

Esoff (G. d').

Histoire des Arabes par Ghevond, historien arménien du VIIᵉ siècle.

Les Arméniens en Pologne au XVIᵉ siècle; traduction arménienne de deux mémoires du temps.

Traduction arménienne de la Chronique de Dardel.

Goeje (Dr. M. J. de).
Bibliotheca geographorum arabicorum. Partes VII et VIII.
(1892-94).

Gottheil (R. J. H.).
References to Zoroaster in Syriac and Arabic literature (1894).

Gramatzky (A.).
Altjapanische Winterlieder aus dem Kokinwakashu (1892).

Grimme (Hubert).
Mohamed. II. Theil (1894).

Grube (Wilhelm).
Giljakisches Wörterverzeichniss (1892).

Heikel (Axel).
Antiquités de la Sibérie occidentale (1894).

Huth (Georg).
Geschichte des Buddhismus in der Mongolei. 2 vol. (1893).
Die Inschriften von Tsaghan Baišin (1894).

Kamory (Samuel).
Biblia ayaz szentiras (1870).

Kampffmeyer (Georg).
Alte Namen im heutigen Palaestina und Syrien. I: Namen
des Alten Testaments (1892).

Kirste (Johann).
Die Bedeutung der orientalischen Philologie (1892). *(en
nombre)*.

Lagrange (le T. R. Père M.-J.).
Saint Étienne et son sanctuaire à Jérusalem (1894).

Lébédeff (Olga de).
11 volumes et brochures en turc et en arabe.

Le Dain (Alfred).
La linguistique vulgarisée. 1re partie (1886).

Ludwig (Alfred).
Uber das Râmâyana und die Beziehungen desselben zum
Mahâbhârata (1894).   *(en nombre)*.

Ludwig (Alfred).
Uber die neuesten Arbeiten auf dem Gebiete der Rigveda-
Forschung (1893).   *(en nombre)*.

Mahler (Eduard).
Das Kalenderwesen bei den verschiedenen Völkern (1894).
Der Kalender der Babylonier. 2. Mittheilung (1892).
Die Berechnung der Jahrpunkte im Kalender der Juden (1891).
Der Schaltcyclus der Babylonier (1894).
Die Apisperiode der alten Aegypter (1894).

Marre (Aristide).
Malais et Siamois. De l'esclavage dans la presqu'île malaise au XIXe siècle (1894).

Megavorian (Agop).
Étude sur la famille et le mariage arméniens (1894).

Mehren (M. A. F. von).
Traité mystiques d'Aboû Ali al-Hosain b. Abdallâh b. Sinâ (Avicenne). 3e fascic. (1894).

Morgan (J. de).
Mission scientifique en Perse. Tome I: Études géographiques (1894).

Müller (D. H.).
Ezechiel-Studien. (1893).

Nestle (Eberhard).
Marginalien und Materialien (1893).

Neteler (B.).
Stellung der alttestamentlichen Zeitrechnung in der altorientalischen Geschichte (1892—94).

Niemann (G. K.).
Bloemlezing uit Maleische Geschriften. 2 vol. (1892).
Bijdrage tot de Kennis der Verhouding van het Tjam tot de Talen van Indonesie (s. d.).
Geschiedenis van Tanette. Boeginesche Tekst (1883).

Oldenberg (Hermann).
Die Religion des Veda (1894).

Pekotsch (Léop.).
Praktisches Uebungsbuch zur gründlicheren Erlernung der osmanisch-türkischen Sprache. I. Theil (1894).

Peterson (Prof.).
Report on the search for Sanskrit manuscripts in the Bombay Circle (1894).

Pinches (Theophilus G.).

Inscribed Babylonian tablets. 4 parts (1888—94).

Notes on some recent discoveries in the realm of Assyriology.

Pullé (comte Fr. L.).

Catalogo dei manoscritti Giainici della Biblioteca nazionale centrale di Firenze. Num. 1-4 (sera continué). (1894).

Schlechta-Wssehrd (Baron O. de).

Moral-Philosophie des Morgenlandes aus persischen Dichtern erläutert (1892).

Schwarzstein (Dr. J.).

Targum Arvi, die arabische Interpretation des Pentateuch von Raabi Saadia Hagaon (1886).

Seshagiri-Sastri.

Theory of the ardhânusvâra in Telugu (1893).

Telugu philology. Part I: Verbs (1894).

Notes on Jânakîharana (1894).

Essay on Tamil literature (1894).

Tandantôttam copperplate inscription (1894).

(Avec trois manuscrits contenant: 1° le résumé des travaux ci-dessus énoncés; 2° la transcription; 3° la traduction de l'inscription de Tandantôttam).

Seybold (C. F.).

Die Dattelrispen in der Wissenschaft der Chronologie (1894).

Shibli Nomani.

The Jizya or capitation tax (1894). *(en nombre)*.

An enquiry into the destruction of the ancient Alexandrian library (1893). *(en nombre)*.

Shivadatta (Pandit).

Sriharsha's Naishadhîyacharita (1894).

Présenté par M. Bühler.

Simonsen (David).

Sculptures et inscriptions de Palmyre (1889).

Nachschrift des Correctors und Druckfehlerschrift des Revisors der Buxtorfischen Biblia Rabbinica, Basel 1618—19. Fotolitografisch hergestellt (1894).

Strzygowski (Josef).

Byzantinische Denkmäler. — I. Das Etschmiadzin Evangeliar.
II. Die byzantinischen Wasserbehälter von Konstantinopel,
von Dr. Ph. Forchheimer und Dr. J. Strzygowski (1891–93).

Thomsen (Vilhelm).

Inscriptions de l'Orkhon déchiffrées (1894).
Déchiffrement des inscriptions de l'Orkhon et de l'Iénisséi.
Notice préliminaire (1894).

Valenziani (Carlo).

La via della pietà filiale, testo giapponese trascritto, tradotto
ed annotato. 2 vol. (1878).
Naga-Mitu, antica rapprezentazione scenica giapponese (1891).
Hon-teu Bu-yuu Den, racconti di atti di valore eroico nel
nostro impero (1892).
La spiaggia di Suma, scene drammatiche (traduit du japonais). (1894).

Vollers (Karl).

Arabisch und Semitisch, Gedanken über eine Revision der
Lautgesetze (Z. für Assyriologie, Bd. IX).

Weber (Albrecht).

Ueber die Samyaktvakaumudi, eine indische Erzählung
(1889). *(en nombre)*.
Episches im vedisches Ritual (1891). *(en nombre)*.
Ueber den Vâjapeya (1892). *(en nombre)*.
Vedische Beiträge (1894). *(en nombre)*.
Quousque tandem? Der achte internationale Orientalisten-
Congress, und der neunte? (1891).

Wright (Ch. H. Hamilton).

The Book of Koheleth commonly called Ecclesiastes (1883).
An introduction to the Old Testament (1892).
The Holy Bible (International teacher's edition), avec un
appendice contenant : The Bible reader's manual, ed. by
the Rev. Ch. H. H. Wright.

Zéki (Ahmed Effendi).

Discours prononcé dans la séance de la section sémitique
générale (8 septembre 1892).

DEUXIÈME LISTE.

Du Gouvernement de l'Inde:
Epigraphia Indica. Vol. III, parts 1—3.

Du Gouvernement de Penjab:
Report on the administration of the Punjab and its dependencies for 1892—93 (1894).
Présenté par M. Thomas H. Thornton.

De la congrégation des Méchitaristes de Vienne:
Dashian (P. Jacobus).
Catalog der armenischen Handschriften in der K. K. Bibliothek zu Wien.

Kalemkiar (P. Gregoris).
Catalog der armenischen Handschriften in der K. Bibliothek zu München.
Présentés par l'archimandrite Ter-Movsessiantz.

De M. Chachanov:
Revue ethnographique de Moscou (1893, n° 4 et 1894, n° 1).
Chamanisme, par V. Mikhailovski (1892).
Les Kalmouks d'Astrakhan, par Gitezki (1893).

De M. Édouard Naville:
Kittel (Rev. F.).
A Kannada-English dictionary (1894).

De MM. Leitner et Montet:
Transactions of the ninth international Congress of Orientalists, London 1891. Vol. II: Summaries of Oriental research.

De M. Jules Oppert:
Problèmes bibliques (1894).
Le champ sacré de la déesse Nina (1894).

De M. Charles Rieu:
Supplement to the Catalogue of the Arabic manuscripts in the British Museum (préface). (1894).

Des auteurs:

Chachanov (A. C.)

Légende géorgienne (grusinienne) de saint Georges (1892).

Ueber den gegenwärtigen Stand der grusinischen Philologie (1889).

Documents géorgiens (1893).

Sources du christianisme en Géorgie (Grusie). (1893).

Haug (H.)

Vergleichende Erdkunde und alttestamentlich-geographische Weltgeschichte (mit 10 Karten). 2 Hefte (1894).

Leumann (Ernst).

Çilânka's Commentar zu Jinabhadra's Viçeshâvaçyaka-bhâshya (Reproduction photographique en 35 planches; la publication est encore incomplète, mais un exemplaire définitif sera envoyé à Genève).

Moser (Henri).

L'irrigation dans l'Asie centrale (1894).

Regnaud (Paul).

Les premières formes de la religion et de la tradition dans l'Inde et la Grèce (1894).

Schefer (Charles).

Mémoire historique sur l'ambassade de France à Constantinople, par le marquis de Bonnac (1894).

Terrien de Lacouperie.

Western origin of the early Chinese civilization (1894). Présenté par M. Cordier.

Venkayya (V.).

Dravidian and Sanskrit inscriptions, VII—VIII (1892).

Madras Museum, plates of Jatilavarman (1893).

Actes du huitième Congrès international des orientalistes, tenu en 1889 à Stockholm et à Christiania (1892).

Travaux de la Section orientale de la Société archéologique
de Moscou. Tome I, 1 et 2 (1889—91).

Transactions of the ninth international Congress of Orientalists. London 1893. 2 vol.

TROISIÈME LISTE.

Publications de l'École des Langues orientales vivantes.

1. Histoire de l'Asie centrale, par Mir Abdul Kerim Bou-
khari; éd. et trad. Schefer. 1 vol.

2. Chronique de Moldavie, par Grégoire Urechi; éd. et trad.
Picot. 4 fasc.

3. Recueil de documents sur l'Asie centrale, par C. Imbault-
Huart. 1 vol.

4. Le Tam-tu-kinh; éd. et trad. des Michels. 1 vol.

5. Histoire universelle, par Açoghih de Daron; trad. Du-
laurier. 1 vol.

6. Le Luc vân tiên ca diên; éd. et trad. des Michels. 1 vol.

7. Sefer Namèh, par Nassiri Khosrau; éd. et trad. Schefer. 1 vol.

8. Chronique de Chypre, par Léonce Machéras; éd. et trad.
Miller et Sathas. 2 vol.

9. Dictionnaire turc-français, par A. C. Barbier de Meynard. 8 fasc.

10. Chrestomathie persane, par Ch. Schefer. 2 vol.

11. Les manuscrits arabes de l'Escurial, par Hartwig Derenbourg. Tome Iᵉʳ. 1 vol.

12. Ousâma ibn Mounkidh; éd. Derenbourg. 3 fasc.

13. Chronique dite de Nestor; trad. Léger. 1 vol.

14. Kim van kieu tan truyen; éd. et trad. des Michels. 3 fasc.

15. Nouveaux mélanges orientaux. 1 vol.

16. L'estat de la Perse, par Raphael du Mans; éd. Schefer.
1 vol.

17. La frontière sino-annamite, par G. Devéria. 1 vol.

18. L'histoire du Khanat de Khokand, par Nalivkine; trad. Dozon. 1 vol.

19. Recueil de textes et de traductions. 2 vol.

20. Siasset Namèh, par Nizam oul Moulk; éd. et trad. Schefer. 2 vol.

21. Vie de Djelal-eddin Mankobirti, par En Nesawi; éd. et trad. Houdas. 2 vol.

22. Chih louh kouoh kiang yuh tchi; trad. des Michels. 2 fasc.

23. Cent dix lettres grecques, de François Filelfe; éd. Legrand. 1 vol.

24. Description topographique et historique de Boukhara, par Mohammed Nerchakhi; éd. Schefer. 1 vol.

25. Les Français dans l'Inde, par J. Vinson. 1 vol.

26. Khalil ed Dahiri, description de l'Égypte et de la Syrie; éd. Ravaisse. 1 vol.

27. Bibliographie coréenne, par M. Courant. 2 vol.